Cahier pratique pour

TRANSFORMER VOTRE VIE

Du même auteur, chez le même éditeur :

D'accord avec ton corps
Le moment présent, 365 affirmations quotidiennes

Titre original : *LOVE YOURSELF, HEAL YOUR LIFE WORKBOOK*

Traduit de l'anglais par Béatrice Petit

ISBN : 978-2-8132-0083-9

www.editions-tredaniel.com
info@guytredaniel.fr

Louise L. Hay

Cahier pratique pour

TRANSFORMER VOTRE VIE

Guy Trédaniel Éditeur
19, rue Saint Séverin
75005 Paris

Sommaire

Dédicace

« Cahier pratique » est un terme très fort, mais beaucoup d'entre nous savent qu'un dur travail est exactement ce dont ils ont besoin pour éradiquer les schémas de pensée anciens qui se sont incrustés en eux. Pourtant, je crois que procéder à des changements intérieurs ne doit ni être un « travail », ni être pénible ou difficile, mais plutôt qu'il faut considérer cela comme une aventure.

J'aimerais donc dédier ce livre à l'aventurier qui est en vous. Vous êtes en train de participer à une chasse au trésor. Tous les vieux schémas négatifs de pensée que vous découvrez ne sont que des choses qu'il vous faut examiner puis abandonner. Chaque schéma recouvre un amoncellement de trésors.

Cherchez l'or qui est en vous. Créez-vous une bonne santé. Remplissez votre vie d'amour. Trouvez votre liberté. Vous en êtes digne. Vous le méritez. Je vous aiderai.

Vous êtes sur le chemin de l'illumination intérieure. En vous libérant, vous contribuez à la guérison de la planète.

Première partie

Introduction

I

Techniques de base

« Je suis décidé à changer. »

Ceci est un livre sur le changement. Je sais, vous voulez que tout et tous changent. Votre mère, votre père, votre patron, votre ami, votre sœur, votre amoureux, votre maire, votre voisin, votre ministre, les membres du gouvernement doivent changer pour que votre vie puisse être parfaite. Mais ce n'est pas ainsi que les choses se passent. Si vous désirez voir des changements survenir dans votre vie, c'est à vous de les faire. Si vous changez, toutes les autres personnes faisant partie de votre univers changeront en relation avec vous.

Êtes-vous décidé à changer ?

Si oui, nous pouvons créer ensemble la vie que vous dites vouloir. Tout ce que vous avez à faire est de changer quelques pensées et d'abandonner quelques croyances. Cela paraît simple ? C'est simple. Mais ce n'est pas toujours facile. Nous allons explorer certaines choses que vous croyez peut-être dans différents domaines de votre vie. Si vous avez des croyances positives, je vous conseille vivement de les conserver et de vous appuyer sur elles. Et si nous trouvons des croyances négatives, je vous aiderai à les abandonner.

Ma vie est un bon exemple de ce qui peut arriver lorsqu'on change ses pensées. Enfant battue et violée, j'ai grandi dans la pauvreté, avec une très mauvaise opinion de moi-même et de nombreux problèmes, et je suis devenue une femme célèbre capable d'aider les autres. Je ne vis plus dans la douleur et la souffrance. Je me suis créé une vie merveilleuse. Vous pouvez en faire autant.

Je vous encourage à être doux envers vous-même lorsque vous vous embarquez dans les exercices de ce livre. Changer peut être difficile aussi bien que facile. Reconnaissez tous les efforts que vous faites. Sachez qu'il peut y avoir une période de transition entre votre ancien système de croyance et le nouveau. Vous risquez d'hésiter entre votre comportement antérieur et vos nouveaux schémas de pensée. Ne vous découragez pas. Soyez aimant envers vous-même comme vous le seriez envers un ami cher. Donnez-vous tous les encouragements nécessaires pour traverser cette nouvelle expérience.

C'est en pratiquant régulièrement les exercices de ce livre que vous obtiendrez les résultats les plus rapides. Cependant, même si vous ne pouvez faire qu'un seul exercice par mois, il vous sera quand même utile. Faites ce que vous pouvez. Les exercices vous donneront des informations nouvelles à votre sujet. Vous serez capable de faire de nouveaux choix. Chaque fois que vous faites un nouveau choix, c'est comme si vous plantiez une graine dans votre nouveau jardin mental. Les graines mettront peut-être du temps à germer et à pousser. Mais souvenez-vous, lorsque vous semez, vous n'obtenez pas instantanément un pommier. De la même manière, les résultats de ce travail ne seront peut-être pas toujours instantanés.

Je vous conseille de travailler avec ce livre chapitre après chapitre. Essayez de traiter un seul domaine de votre vie à la fois. Examinez réellement vos sentiments lors de chaque exercice. la première fois, lisez le livre en entier. Laissez monter les pensées et les souvenirs. Puis revenez en arrière et faites tous les exercices.

Faites ces derniers comme si vous n'aviez pas de problèmes dans le domaine en question. Vous serez peut-être surpris de voir ce qui se passe. Faites les exercices plusieurs fois s'il s'agit d'un domaine dans lequel vous avez des difficultés. Inventez vos propres exercices.

Il est parfois bon d'avoir sous la main une boîte de mouchoirs. Donnez-vous la permission d'explorer le passé et de pleurer si nécessaire. Les larmes sont la rivière de la vie ; elles sont très efficaces pour nettoyer.

J'aimerais passer en revue les croyances fondamentales qui constituent la base de ma philosophie. Vous vous souviendrez peut-être les avoir lues dans *Transformez votre vie.*

Ce que je crois

La vie est très simple. Ce que vous donnez, vous le recevez. Je crois que nous sommes tous responsables de toutes les expériences de notre vie, les meilleures comme les pires. Toute pensée que nous créons crée notre avenir. Chacun de nous crée ses expériences par les pensées qu'il a et par les paroles qu'il prononce.

Les croyances sont des idées et des pensées que nous acceptons comme étant la réalité. Ce que nous pensons de nous-mêmes et du monde devient vrai pour nous. Ce que nous choisissons de croire peut élargir et enrichir notre univers. Chaque jour peut être une expérience excitante, joyeuse, pleine d'espoir, ou une expérience triste, limitante et douloureuse. Deux personnes vivant dans le même monde, dans les mêmes conditions, peuvent voir la vie de manière très différente. Qu'est-ce qui est capable de nous faire passer d'un monde dans un autre ? Je suis persuadée que ce sont nos croyances. Lorsque nous avons décidé de changer les structures primaires de nos croyances, nous voyons notre vie changer du tout au tout.

Quelles que soient vos croyances à propos de vous-même et du monde, souvenez-vous que ce ne sont que des pensées et que les pensées peuvent être changées. Vous ne serez probablement pas d'accord avec certaines idées que je me propose d'explorer. Certaines vous paraîtront peut-être inhabituelles et effrayantes.

Ne vous tracassez pas. Vous n'adopterez que celles qui vous paraissent justes. Vous trouverez sans doute certaines techniques trop simplistes ou curieuses et douterez qu'elles marchent pour vous. Je vous demande seulement d'essayer.

Notre subconscient accepte tout ce que nous choisissons de croire. La Puissance universelle, ne nous juge ni ne nous critique jamais. Elle nous accepte simplement tels que nous sommes. Si vous acceptez une croyance limitante, elle deviendra réalité pour vous. Si vous croyez que vous êtes trop petit, trop gros, trop maigre, trop grand, trop chic, pas assez chic, trop riche, trop pauvre, ou incapable d'avoir des relations, ces croyances deviendront vraies pour vous.

Souvenez-vous que nous n'avons affaire qu'à des pensées et que celles-ci peuvent être changées. Le choix des pensées est illimité et le point de pouvoir est toujours dans le moment présent.

À quoi pensez-vous à ce moment même ? Est-ce positif ou négatif ? Avez-vous envie que cette pensée devienne créatrice pour votre avenir ?

Enfants, nous avons appris des choses sur nous-mêmes et sur la vie à partir des réactions des adultes qui nous entouraient. C'est pourquoi, pour la plupart, nous avons des idées sur ce que nous sommes qui ne sont pas les nôtres, ainsi que de nombreux principes sur la façon dont la vie devrait être vécue. Si vous avez vécu avec des gens qui étaient malheureux, qui avaient peur ou honte, ou bien qui se mettaient en colère, vous avez appris beaucoup de choses négatives sur vous et sur votre univers.

En grandissant, nous avons tendance à recréer l'environnement émotionnel de notre vie familiale précoce, ainsi qu'à reproduire dans nos relations celles que nous avions avec notre mère et notre père. Si nous avons été très critiqués étant enfants, nous rechercherons dans notre vie adulte ceux qui imiteront ce comportement. Si, enfants, nous avons été félicités, aimés et encouragés, nous recréerons ce comportement.

Je ne vous encourage pas à blâmer vos parents. Nous sommes tous des victimes de victimes et ils ne pouvaient pas vous enseigner quelque chose qu'ils ignoraient. Si votre mère et votre père ne savaient pas s'aimer eux-mêmes, il leur était impossible de vous apprendre à le faire. Ils agissaient de leur mieux avec les informations qu'ils avaient. Pensez une minute à la façon dont ils avaient été élevés. Si vous désirez mieux les comprendre, je vous suggère de leur demander de parler de leur enfance.

Ne vous contentez pas d'écouter ce qu'ils vous disent, mais notez aussi ce qui se passe en eux pendant qu'ils parlent. Comment est le langage de leur corps ? Sont-ils capables d'entrer en contact visuel avec vous ? Regardez-les dans les yeux et voyez si vous pouvez trouver leur enfant intérieur. Vous ne le verrez peut-être que pendant une fraction de seconde, mais cela peut vous révéler des informations intéressantes.

Je crois que nous choisissons nos parents. Je crois que nous avons décidé de nous incarner sur cette Terre à un moment et dans un lieu bien précis. Nous sommes venus ici pour apprendre des leçons spécifiques qui nous feront avancer sur notre chemin d'évolution spirituelle. Je crois que nous choisissons notre sexe, notre couleur de peau, notre pays, puisque nous cherchons le couple de parents qui, dans cette vie, nous fera avancer dans notre travail spirituel.

Nous n'avons affaire qu'à une pensée, et une pensée peut être changée. Quel que soit le problème, vos expériences sont les effets extérieurs de pensées intérieures. Même la haine de vous-même est une pensée que vous avez à propos de vous-même. Cette pensée produit un sentiment et vous prenez ce sentiment pour argent comptant. Mais si vous n'avez pas la pensée, vous n'avez pas le sentiment. Les pensées peuvent être changées. Changez la pensée et le sentiment s'en ira.

Le passé n'a aucun pouvoir sur nous. Le temps depuis lequel nous avons un schéma négatif importe peu. Nous pouvons être libres à l'instant même.

Que vous le croyiez ou pas, nous choisissons nos pensées. En général, nous ressassons toujours la même pensée, de sorte que nous n'avons pas l'impression de la choisir. Pourtant, au départ, c'est bien ce que nous avons fait. Nous pouvons refuser d'avoir certaines pensées. Combien de fois avez-vous refusé d'avoir une pensée positive à propos de vous-même ? Vous pouvez aussi refuser d'avoir une pensée négative !

La pensée la plus fondamentale sur laquelle j'ai travaillé est toujours, pour chacun de nous, « je ne suis pas assez bien ». Tous les gens que je connais ou avec lesquels j'ai travaillé souffrent de haine d'eux-mêmes ou de culpabilité à un degré ou un autre. « Je ne suis pas assez bien, je n'en fais pas assez, ou je ne mérite pas cela », sont des plaintes courantes. Mais n'êtes-vous pas assez bien pour qui ? Et selon les critères de qui ?

D'après moi, le ressentiment, la critique, la culpabilité et la peur sont à l'origine de la plupart des problèmes que nous connaissons en nous-mêmes et dans notre vie. Ces sentiments proviennent du fait que nous blâmons les autres et ne prenons pas la responsabilité de nos propres expériences. Si nous sommes tous responsables de tout ce qui arrive dans notre vie, il n' y a personne à blâmer. Tout ce qui arrive « là dehors » n'est que le miroir de notre pensée intérieure.

Je ne cherche pas des excuses aux mauvais comportements d'autrui, car c'est notre système de croyances qui attire ce type de comportement. En vous, une pensée attire les gens qui ne se conduisent pas correctement. Si vous pensez que les gens ne font qu'abuser de vous ou mal se comporter envers vous, c'est votre schéma. Si vous changez la pensée qui attire ces comportements, ils cesseront.

Nous pouvons changer notre attitude envers le passé. Il est fini et terminé ; il ne peut-être modifié. Mais nous pouvons changer nos pensées à propos du passé. Comme il est stupide de nous punir dans le présent parce que quelqu'un nous a fait du mal il y a très longtemps !

Si nous choisissons de croire que nous sommes des victimes impuissantes et que tout est désespéré, l'univers nous soutiendra dans cette croyance. Nos pires opinions de nous-mêmes seront confirmées.

Si nous choisissons de croire que nous sommes responsables de nos expériences, du bien et du soi-disant mal, nous avons la possibilité de dépasser les conséquences du passé. Nous pouvons changer. Nous pouvons être libres.

Le chemin vers la liberté passe par le pardon. Nous pouvons ne pas savoir comment pardonner et nous pouvons aussi ne pas vouloir pardonner ; mais si nous sommes décidés à le faire, nous pouvons entamer le processus de guérison. Il est impératif, pour guérir, d'abandonner le passé et de pardonner à tout le monde.

Cela ne signifie pas que je cherche des excuses aux mauvais comportements. Je veux encourager le processus de votre libération. Pardonner signifie renoncer, laisser aller. Nous comprenons très bien notre propre souffrance. Pourtant nous trouvons presque tous difficile de comprendre la souffrance de quelqu'un qui ne nous a pas bien traités. Cette personne à qui il nous faut pardonner souffrait aussi. Et elle ne faisait que refléter ce que nous croyions à propos de nous-mêmes. Elle faisait de son mieux avec la connaissance, la compréhension et la conscience qui étaient les siennes à l'époque.

Lorsque des gens viennent me voir avec un problème – je ne me soucie pas du problème lui-même – mauvaise santé, manque d'argent, relations insatisfaisantes ou créativité étouffée - il y a une seule chose sur laquelle je travaille toujours : *l'amour de soi-même.*

Je pense que lorsque nous nous aimons, nous nous acceptons et nous nous approuvons exactement tels que nous sommes, tout coule dans notre vie. L'approbation de soi et l'acceptation de soi ici et maintenant sont les clés des changements positifs dans tous les domaines de notre vie.

S'aimer soi-même, pour moi, signifie ne jamais se critiquer pour quoi que ce soit. L'autocritique nous enferme dans le schéma même que nous essayons de changer.

Essayez de vous approuver et voyez ce qui se passe. Vous vous êtes critiqué pendant des années. Cela a-t-il marché ?

Terminologie du cahier pratique

Affirmations

Nous allons utiliser des affirmations tout au long de ce livre. Les affirmations sont des constatations que nous faisons - qu'elles soient positives ou négatives. Trop souvent, nous pensons par affirmations négatives. Celles-ci ne peuvent que créer davantage encore de ce que nous ne voulons pas.

Dire : « Je déteste cette vieille voiture » ne nous mènera nulle part. Déclarer : « Je bénis ma vieille voiture et je l'abandonne avec amour. Maintenant, j'accepte et je mérite une belle voiture neuve » ouvrira dans notre conscience les canaux nécessaires à sa création.

Faites des affirmations positives concernant la vie que vous désirez. Un point important est celui-ci : *faites toujours vos affirmations AU PRÉSENT,* en employant « Je suis » ou « j'ai ». Votre subconscient est un serviteur tellement obéissant que si vous déclarez au futur « je veux » ou « j'aurai », c'est là que vous en resterez-la chose souhaitée restera hors d'atteinte, dans le futur.

Le docteur Bernie Siegel, auteur du best-seller *L'amour, la médecine et les miracles,* dit que : « Les affirmations ne sont pas un déni du présent, mais un espoir pour l'avenir. Si vous leur permettez de pénétrer dans votre conscience, elles deviendront de plus en plus crédibles jusqu'à finir par devenir réelles pour vous. »

Travail avec le miroir

Le travail avec le miroir est un autre outil intéressant. Le miroir reflète les sentiments que nous avons vis-à-vis de nous-mêmes. Il nous montre clairement les domaines que nous devons changer si nous voulons une vie joyeuse et satisfaisante.

Je demande aux gens de regarder dans leurs propres yeux et de dire quelque chose de positif sur eux-mêmes chaque fois qu'ils passent devant un miroir. La façon la plus efficace de faire des affirmations est de se regarder dans un miroir et de les dire à voix haute. Vous prenez ainsi immédiatement conscience de votre résistance et pouvez la traverser plus rapidement.

Ayez un miroir de poche à portée de main durant la lecture de ce livre. Utilisez une plus grande glace pour les exercices plus poussés.

Visualisation

La visualisation est le procédé qui consiste à utiliser son imagination pour obtenir le résultat souhaité. Ou, pour le dire plus simplement, vous voyez ce que vous voulez voir arriver avant que cela n'arrive réellement.

Par exemple, si ce que vous désirez est un nouveau logement, dessinez la maison ou l'appartement que vous voulez, en étant aussi précis que possible. Puis voyez-le comme s'il était déjà réel. Affirmez que vous le méritez. Représentez-vous votre nouveau logement avec vous à l'intérieur, en train de vaquer à vos occupations quotidiennes. Imaginez-le aussi clairement que possible, en sachant qu'il n'y a pas de manière fausse de visualiser. Pratiquez votre visualisation régulièrement, en remettant ses résultats à l'Esprit universel et en lui demandant votre plus grand bien. Combinée avec les affirmations positives, la visualisation est un outil très puissant.

Mériter

Nous nous refusons parfois à faire le moindre effort pour nous créer une vie agréable parce que nous croyons ne pas la mériter. Cette croyance peut venir de ce que nous avons vécu durant notre petite enfance, par exemple, de notre apprentissage de la propreté. On nous disait peut-être que nous n'aurions pas ce que nous voulions si nous ne finissions pas notre assiette, si nous ne rangions pas notre chambre ou nos jouets, et nous prenions pour argent comptant les idées ou les opinions d'une autre personne qui n'avaient rien à faire avec notre propre réalité.

Il n'est pas nécessaire de mériter pour avoir de bonnes choses. C'est notre incapacité à les accepter qui nous empêche de les obtenir. Permettez-vous d'accepter ce qui est bon, que vous estimiez le mériter ou non.

EXERCICE : Mériter

Répondez de votre mieux aux questions suivantes. Elles vous aideront à comprendre le pouvoir du mérite.

1. Que désirez-vous que vous n'avez pas ?

Soyez clair et précis.

2. **Quelles étaient chez vous les lois ou règles concernant le mérite?**

Que vous disait-on ? « Tu ne le mérites pas. » Ou bien « Tu mérites un gros baiser. » Vos parents pensaient-ils qu'ils méritaient ? Avez-vous toujours dû gagner afin de mériter ? Avez-vous réussi à gagner ? Vous confisquait-on vos affaires lorsque vous aviez fait quelque chose de mal ?

3. **Avez-vous l'impression de mériter ?**

Quelle est l'image qui se présente à vous ? « Plus tard, quand je l'aurai gagné » ? « Il faut d'abord que je travaille. » Êtes-vous assez bien ? Serez-vous toujours assez bien ?

4. **Méritez-vous de vivre?**

Pourquoi ? Pourquoi pas ? Vos parents vous répétaient-ils sans cesse : « Tu mérites de mourir » ? Si tel est le cas, cela faisait-il partie de votre éducation religieuse ?

5. Pour quelle raison devez-vous vivre ?

Quel est le but de votre vie? Quel sens vous êtes-vous donné ?

6. Que méritez-vous ?

« Je mérite de l'amour, de la joie et toutes les bonnes choses. » Ou bien avez-vous profondément l'impression de ne rien mériter ? Pourquoi ? D'où venait le message ? Êtes-vous décidé à l'abandonner ? Que voulez-vous mettre à sa place ? Souvenez-vous, ce sont des pensées et les pensées peuvent être changées.

Vous pouvez vous apercevoir que notre pouvoir personnel est affecté par la manière dont nous percevons notre mérite. Essayez le traitement ci-dessous. Les traitements sont des affirmations positives correspondant à une situation donnée, destinées à élaborer de nouveaux schémas de pensée et à dissoudre les anciens.

Traitement du mérite

Je mérite. Je mérite toutes les bonnes choses. Pas seulement quelques bonnes choses, pas seulement une petite partie des bonnes choses, mais toutes les bonnes choses. je dépasse maintenant toutes les pensées négatives, restrictives. J'abandonne et laisse aller toutes les limitations de mes parents. je les aime mais je vais plus loin qu'eux. Je ne suis pas leurs opinions négatives, ni leurs croyances limitantes. Je ne suis ligoté par aucune des peurs et aucun des préjugés de la société dans laquelle je vis. Je ne m'identifie plus à la moindre limitation, quelle qu'elle soit.

Dans mon esprit, ma liberté est totale. Je vais maintenant vers un nouvel espace de conscience, où je suis décidé à me voir différemment. Je suis décidé à créer de nouvelles pensées sur moi-même et sur ma vie. Ma nouvelle façon de penser se transforme en de nouvelles expériences.

Maintenant, je sais et j'affirme que je ne fais qu'un avec la Puissance de prospérité de l'univers. En tant que tel, je prospère maintenant dans tous les domaines. Tout est possible pour moi. Je mérite de vivre, d'être comblé par la vie. Je mérite l'amour, de l'amour en abondance. Je mérite une bonne santé. Je mérite de vivre confortablement et de prospérer. Je mérite la joie et le bonheur. Je mérite la liberté d'être tout ce que je peux être. Je mérite davantage que cela. Je mérite toutes les bonnes choses.

L'univers est tout à fait prêt à manifester mes nouvelles croyances. J'accepte cette vie d'abondance avec joie, plaisir et gratitude. Car je la mérite. Je l'accepte ; je sais que cela est vrai.

II

Qui êtes-vous ?

Que croyez-vous ?

« Je me vois avec les yeux de l'amour et je suis en sécurité. »

Dans ce chapitre, j'aimerais que nous nous étudiions nous-mêmes et que nous étudiions nos croyances. Nous croyons tous de nombreuses choses positives et nous voulons continuer à les renforcer. Mais beaucoup de nos croyances sont négatives et elles contribuent à provoquer des expériences désagréables. Il est impossible pour nous de changer la moindre croyance limitante si nous ne connaissons pas ces croyances. Regardez cette liste de mots. Écrivez ce qu'ils signifient pour vous. Par exemple, croyez-vous que :

Hommes...

Les hommes sont forts.
Les hommes sont autoritaires.
Les hommes sont chics.

Femmes...

Les femmes sont moins payées.
Les femmes doivent faire le ménage.
Les femmes sont douces et tendres.

Amour…

L'amour est pour les oiseaux.
J'aime pour être aimé.
L'amour n'entraîne que perte et chagrin.

Sexualité…

La sexualité est une joie.
La sexualité n'est autorisée que dans le mariage.
Les rapports sexuels sont douloureux.

Travail…

Le travail est ennuyeux.
Le travail est méprisable.
Les autres gens ont de bons boulots.

Argent…

Il n'y en a jamais assez.
J'ai peur de l'argent.
L'argent est fait pour être dépensé.

Succès…

Le succès n'est pas pour moi.
Seuls les riches réussissent.
Je réussis dans les petites choses.

Échec…

Quand je fais une erreur, je suis un raté.
Être un raté signifie ne pas faire les choses comme il faut.
Il faut tirer les leçons de ses échecs.

Dieu…

Dieu m'aime.
Je suis un avec Dieu.
J'ai peur de Dieu.

Maintenant, à votre tour. Pensez à toutes les choses que ces mots signifient pour vous. Votre liste peut être aussi longue que vous le désirez.

Hommes...

Femmes...

Amour...

Sexualité…

Travail…

Argent…

Succès...

Échec...

Dieu...

Maintenant, regardez dans quels domaines vous avez des difficultés. Avez-vous des croyances conflictuelles ? Combien de réponses négatives vous trouvez-vous ? Mettez une croix à côté de ces réponses. Voulez-vous réellement continuer à bâtir votre vie sur ces convictions ? Prenez conscience que quelqu'un vous a enseigné ces idées. Maintenant que vous en avez pris conscience, vous pouvez choisir de les abandonner.

EXERCICE : Votre histoire

C'est peut-être le moment pour vous d'écrire un bref récit de votre vie. Commencez par votre enfance. Utilisez d'autres feuilles si nécessaire.

Quelles sont les autres croyances négatives qui tournent dans votre subconscient ? Laissez-les venir à la surface. Vous risquez d'être surpris par ce que vous trouverez. Combien de messages négatifs avez-vous notés lorsque vous avez fait le récit de votre vie ? Chaque message négatif qui émerge est un trésor. « Ah ah ! Je t'ai trouvé ! C'est toi qui m'as causé tous ces problèmes. Maintenant je peux t'éliminer. »

Autres croyances négatives :

Ce serait le moment de prendre votre miroir, de vous regarder dans les yeux et d'affirmer votre « volonté » d'abandonner toutes ces croyances et tous ces messages négatifs. Respirez profondément et, à voix haute si vous le pouvez, dites : « Je suis décidé à abandonner toutes ces idées et toutes ces croyances négatives qui ne me nourrissent plus. » Répétez cette phrase plusieurs fois.

L'enfant intérieur

Beaucoup d'entre nous ont un enfant intérieur seul et perdu, qui se sent complètement rejeté. Le seul contact que nous ayons eu avec lui a peut-être été de le gronder et de le critiquer. Nous nous demandons ensuite pourquoi nous sommes malheureux ! Nous ne pouvons rejeter une partie de nous-mêmes et être en harmonie intérieurement. Pour guérir, nous devons rassembler toutes les parties de nous-mêmes de façon à devenir entiers et complets. Travaillons un peu pour nous relier à ces parties intérieures négligées de nous-mêmes.

Trouvez une photo

Trouvez une photo de vous-même enfant. Si vous n'en avez pas, demandez à vos parents de vous en envoyer une. Étudiez cette photo de près. Que voyez-vous ? Ce peut être de la joie, de la douleur, du chagrin, de la colère ou de la peur. Aimez-vous cet enfant ? Pouvez-vous entrer en relation avec lui ? J'ai pris une petite photo de moi à l'âge de cinq ans et je l'ai fait agrandir au format 12 x 15 ce qui m'a permis de bien me voir petite fille.

Écrivez quelques mots sur votre enfant intérieur.

Faites un dessin

Prenez plusieurs crayons, des feutres ou des stylos de couleur. Vous pouvez vous servir du papier de ce livre ou prendre une plus grande feuille. Utilisez votre main non dominante (celle avec laquelle vous n'écrivez pas) et dessinez-vous enfant.

Que vous dit ce dessin ? Quelles couleurs avez-vous utilisées ? Que fait l'enfant? Décrivez le dessin.

Parlez à votre enfant intérieur

Prenez maintenant un peu de temps pour parler à votre enfant intérieur. Découvrez davantage de choses sur lui. Posez-lui des questions.

1. Qu'est-ce que tu aimes ?

2. Qu'est-ce que tu n'aimes pas ?

3. De quoi as-tu peur ?

4. Comment te sens-tu ?

5. De quoi as-tu besoin ?

6. Comment puis-je t'aider à te sentir en sécurité ?

7. Comment puis-je te rendre heureux ?

Ayez une bonne conversation avec votre enfant intérieur. Soyez là pour lui. Embrassez-le et aimez-le, et faites ce que vous pouvez pour satisfaire ses besoins. Faites-lui bien savoir que quoi qu'il arrive, vous serez toujours là. Vous pouvez commencer à créer une enfance heureuse. Cet exercice marche mieux si vous fermez les yeux.

Points de pouvoir

« Je crois en ma capacité à changer. »

Ce petit passage est peut-être le plus important du livre. Référez-vous sans cesse à lui lorsque vous explorez les différents domaines de votre vie. Faites plusieurs listes de ces sept points et placez-en dans tous les endroits où vous pouvez les voir. Lisez-les souvent. Apprenez-les par cœur. Une fois que ces idées feront partie de votre système de croyances, vous aurez une perspective différente sur la vie.

1. Nous sommes responsables de nos expériences.
2. Chacune de nos pensées crée notre avenir.
3. Nous sommes tous confrontés à des schémas nocifs de ressentiment, de critique, de culpabilité et de haine de nous-mêmes.
4. Ce ne sont que des pensées et les pensées peuvent être changées.

5. Nous avons besoin d'abandonner le passé et de pardonner à tout le monde.
6. L'approbation de soi et l'acceptation de soi dans le présent sont les clés des changements positifs.
7. Le point de pouvoir est toujours dans le moment présent.

Lorsque vous faites les exercices de ce livre, revenez sans cesse à ces sept points. Ne restez pas bloqué dans vos problèmes particuliers. Lorsque vous aurez réellement accepté ces idées et les aurez intégrées à votre système de croyances, vous serez « puissant » et vos problèmes se résoudront souvent tout seuls. Le but est de changer ce que vous croyez à propos de vous-même et du monde dans lequel vous vivez.

Ce ne sont pas les gens, les lieux et les choses qui vous créent des problèmes ; c'est la manière dont vous réagissez à ce que vous vivez. Prenez la responsabilité de votre vie. Ne déléguez pas votre pouvoir. Apprenez à mieux comprendre votre moi intérieur, spirituel, et à coopérer avec la puissance qui n'a créé pour vous que de bonnes choses.

« Je me donne la permission d'apprendre. »

Deuxième partie

Le procédé

III

La santé

« Je rends à mon corps la santé optimum et la lui conserve. »

Liste sur la santé

- ❑ J'ai trois rhumes par an.
- ❑ Je n'ai pas beaucoup d'énergie.
- ❑ Je mets du temps à guérir.
- ❑ Mes allergies ne me lâchent pas.
- ❑ Il y a beaucoup de maladies de cœur dans ma famille.
- ❑ Je fais une maladie après l'autre.
- ❑ J'ai tout le temps mal au dos.
- ❑ Je n'arrive pas à me débarrasser de mes maux de tête.
- ❑ Je suis toujours constipé.
- ❑ J'ai mal aux pieds.
- ❑ Je me blesse tout le temps.

Parmi ces phrases, combien ressemblent aux vôtres ? Voyons nos croyances à propos de la santé.

Je crois que nous contribuons à créer toutes les « maladies » de notre organisme. Notre corps, comme toute chose dans la vie, est le miroir de nos pensées et de nos croyances intérieures. Il nous parle constamment de nous, si nous prenons le temps de l'écouter. Chacune des cellules qui le constituent répond à la moindre de nos pensées.

Lorsque nous découvrons quel schéma mental se cache derrière une maladie, nous avons une chance de changer le schéma et donc la maladie. La plupart des gens, à un niveau conscient, ne veulent pas être malades et pourtant chacune de nos maladies est un enseignant. La maladie est un moyen employé par le corps pour nous dire qu'il y a une idée fausse dans notre conscience. Une chose que nous croyons, disons, faisons ou pensons ne contribue pas à notre bien suprême. Je représente toujours le corps en train de nous tirer et de nous dire : « S'il vous plaît - faites attention ! »

Parfois, les gens *veulent* être malades. Dans notre société, nous avons fait de la maladie un moyen légal de fuir nos responsabilités ou d'éviter des situations désagréables. Si nous n'apprenons pas à dire « non », nous devons inventer une maladie pour dire « non » à notre place.

Il y a quelques années, j'ai lu un rapport intéressant qui disait que 30 % seulement des patients suivaient les instructions de leur médecin. Selon le docteur John Harrison, auteur du fascinant ouvrage *Love your disease*, de nombreuses personnes ne vont chez leur docteur que pour être soulagées de leurs symptômes aigus, de façon à pouvoir tolérer leur maladie. C'est comme si un accord tacite, inconscient, existait entre le médecin et le patient : le médecin est d'accord pour ne pas guérir le patient si ce dernier n'exige pas de lui qu'il fasse quelque chose pour son état. Dans cet accord, une personne paie et l'autre devient la figure d'autorité ; ainsi, les deux parties sont satisfaites.

La guérison véritable implique le corps, l'âme et l'esprit. Je crois que si nous guérissons une maladie mais que nous ne nous occupons pas des problèmes émotionnels et spirituels qui l'entourent, elle réapparaîtra.

EXERCICE : Abandonner les problèmes de santé

Êtes-vous décidé à abandonner le besoin qui a provoqué vos problèmes de santé ? Je le répète une fois de plus, lorsque nous avons une maladie que nous voulons changer, la première chose à faire est de dire : « Je veux abandonner le besoin en moi qui a créé cette maladie. » Dites-le encore. Dites-le en vous regardant dans le miroir. Dites-le chaque fois que vous pensez à votre maladie. C'est la première étape dans le processus de changement.

1. Faites la liste des maladies de votre mère.

2. Faites la liste des maladies de votre père.

3. Faites la liste de vos maladies.

4. Faites-vous le rapprochement ?

EXERCICE : Santé et maladie

Examinons certaines de vos croyances à propos de la santé et de la maladie. Répondez aux questions suivantes. Soyez aussi ouvert et honnête que possible.

1. De quoi vous souvenez-vous en ce qui concerne les maladies que vous avez eues pendant votre enfance ?

2. Qu'avez-vous appris de vos parents à propos de la maladie ?

3. Qu'avez-vous apprécié – si vous avez apprécié quelque chose – lorsque vous avez été malade étant enfant ?

4. Y a-t-il une croyance à propos de la maladie, venue de votre enfance, qui vous influence encore aujourd'hui ?

5. Comment avez-vous contribué à votre état de santé actuel ?

6. Avez-vous envie que votre maladie change ? Si oui, de quelle manière ?

EXERCICE : Vos croyances à propos de la maladie

Complétez les affirmations suivantes aussi honnêtement que possible.

1. La manière dont je me rends malade est...

2. Je tombe malade quand j'essaie d'éviter...

3. Quand je suis malade, je veux toujours...

4. Quand j'étais malade, enfant, ma mère ma toujours...

5. Quand je suis malade, ma plus grande peur est...

Exercice : Le pouvoir des affirmations

Découvrons le pouvoir des affirmations écrites ! Écrire une affirmation peut intensifier sa puissance. Dans l'espace ci-dessous, écrivez 25 fois une affirmation positive à propos de votre santé. Vous pouvez en créer une personnelle ou reprendre l'un des exemples suivants :

1. Ma guérison a déjà commencé.
2. J'écoute avec amour les messages de mon corps.
3. Ma santé est maintenant radieuse, vibrante et dynamique.
4. Je suis reconnaissant d'avoir une santé parfaite.
5. Je mérite une bonne santé.

1

2

3

4

5

6

7

8

9

10

11

12

13

14

15

16

17

18

19

20

21

22

23

24

25

EXERCICE : Sa propre valeur

Examinons l'idée que vous vous faites de votre propre valeur. Répondez aux questions suivantes et, après chacune d'entre elles, créez une affirmation positive.

1. Est-ce que je mérite une bonne santé ?

Exemple :

Non. Il y a des maladies dans toute ma famille.

Votre exemple :

Exemple d'affirmation :

J'accepte et je mérite maintenant une santé parfaite.

Votre affirmation :

2. **Qu'est-ce que je crains le plus en ce qui concerne ma santé ?**

Exemple :

J'ai peur de tomber malade.

Votre exemple :

Exemple d'affirmation :

Il n'y a pas de danger à être bien maintenant. Je suis toujours aimé.

Votre affirmation :

3. **Qu'est-ce que je « gagne » grâce à cette croyance ?**

Exemple :

Je n'ai pas besoin de prendre des responsabilités.

Votre exemple :

Exemple d'affirmation :

J'ai confiance et je suis en sécurité. La vie m'est facile.

Votre affirmation :

4. **Qu'est-ce que je crains de voir arriver si j'abandonne cette croyance ?**

Exemple :

Je devrais mûrir.

Votre exemple :

Exemple d'affirmation :

Il n'y a pas de danger à être adulte.

Votre affirmation :

Passez en revue la liste de croyances ci-après, puis étudiez les affirmations correspondant à chaque croyance. Intégrez ces affirmations à votre pratique quotidienne. Répétez-les souvent dans votre voiture, au travail, devant le miroir et chaque fois que vous sentez vos croyances négatives refaire surface.

Si vous croyez :	Votre affirmation est :
J'ai trois rhumes par an.	*Je suis en sécurité à tout moment. L'amour m'entoure et me protège.*
Je n'ai pas beaucoup d'énergie.	*Je suis plein d'énergie et d'enthousiasme.*
Je mets du temps à guérir.	*Mon corps guérit rapidement.*
Mes allergies ne me lâchent pas.	*Le monde est sûr. Je suis en sécurité. Je suis en paix avec la vie.*
Il y a beaucoup de maladies de cœur dans ma famille.	*Je suis en bonne santé et complet.*
Je fais une maladie après l'autre.	*J'ai maintenant une bonne santé. J'abandonne le passé.*
J'ai tout le temps mal au dos.	*La vie m'aime et me soutient. Je suis en sécurité.*

Si vous croyez :	Votre affirmation est :
Je n'arrive pas à me débarrasser de mes maux de tête.	*Mon esprit est en paix et tout est bien.*
Je suis toujours constipé.	*J'autorise la vie à couler à travers moi.*
J'ai mal aux pieds.	*Je suis décidé à avancer facilement.*
Je me blesse tout le temps.	*Je suis doux avec mon corps. Je m'aime.*

« Je m'autorise à être bien. »

Points de pouvoir

1. Nous sommes responsables de nos expériences.
2. Chacune de nos pensées crée notre avenir.
3. Nous sommes tous confrontés à des schémas nocifs de ressentiment, de critique, de culpabilité et de haine de nous-mêmes.
4. Ce ne sont que des pensées et les pensées peuvent être changées.
5. Nous avons besoin d'abandonner le passé et de pardonner à tout le monde, y compris nous-mêmes.
6. L'approbation de soi et l'acceptation de soi dans le présent sont les clés des changements positifs.
7. Le point de pouvoir est toujours dans le moment présent.

IV

Le bien-être

« Il est de mon droit divin de me sentir bien. »

Liste sur le bien-être

- ❏ Je suis tout le temps angoissé.
- ❏ J'ai peur des gens.
- ❏ Je suis complètement seul.
- ❏ J'ai du mal à exprimer mes sentiments.
- ❏ Je ne parviens pas à contenir ma colère.
- ❏ Je n'arrive pas à me concentrer sur quoi que ce soit.
- ❏ Tout le monde est contre moi.
- ❏ Je n'arrive pas à m'affirmer.
- ❏ J'ai l'impression d'être un raté.
- ❏ J'ai envie de disparaître dans un trou.

Vous reconnaissez-vous dans l'une de ces phrases ? Vous avez peut-être besoin de travailler sur votre bien-être émotionnel.

Les problèmes émotionnels sont parmi les plus pénibles de tous. Nous pouvons occasionnellement être en colère, tristes, seuls, angoissés, ou bien avoir peur. Mais lorsque ces sentiments prennent le dessus et deviennent trop forts, notre vie se transforme en un champ de bataille émotionnel.

Ce que nous *faisons* de nos sentiments est important. Allons-nous les exprimer ? punir ceux qui nous entourent ou leur imposer notre volonté ? nous faire du tort d'une manière ou d'une autre ?

La croyance que nous ne sommes *pas assez bien* est souvent la racine de ces problèmes. Une bonne santé mentale commence avec l'amour pour soi-même. Lorsque nous nous aimons et nous approuvons complètement, y compris le bon et le soi-disant mal en nous, nous pouvons commencer à changer.

Ne pas tenir compte de l'opinion d'autrui fait partie de l'acceptation de soi. Parmi les choses que nous avons choisi de croire à propos de nous-mêmes, beaucoup n'ont aucune base réelle.

Par exemple, j'ai eu pour client il y a plusieurs années, à un moment où je prenais les gens en séances individuelles, un jeune homme nommé Eric. Il était terriblement beau et gagnait bien sa vie comme mannequin. Il me dit que c'était très dur pour lui d'aller à la gym parce qu'il se trouvait laid.

En travaillant ensemble, nous découvrîmes que, lorsqu'il était enfant, une brute de son entourage avait coutume de l'appeler « affreux ». Cette personne le battait et le menaçait constamment. Afin de se retrouver seul et de se sentir en sécurité, Eric commença à se cacher. Il prit pour argent comptant le fait qu'il n'était pas assez bien. Dans sa tête, il était laid.

Grâce à un travail avec le miroir, de l'amour pour lui-même et des affirmations positives, Eric fit d'immenses progrès. Ses angoisses revenaient de temps à autre, mais il avait désormais certains outils à sa disposition pour en venir à bout.

Souvenez-vous, l'impression de ne pas être à la hauteur commence avec les pensées négatives que nous avons à propos de nous-mêmes. Mais ces pensées n'ont pas de pouvoir sur nous si nous ne leur accordons pas d'importance. Les pensées ne sont que des mots alignés les uns derrière les autres, qui n'ont pas de signification par eux-mêmes. NOUS sommes les seuls à leur donner un sens. Nous leur donnons un sens en nous concentrant sans cesse sur les messages négatifs qui surgissent dans notre esprit. Nous croyons le pire à notre propos. Et nous choisissons le genre de signification que nous leur donnons.

Quelle que soit notre souffrance, choisissons des pensées qui nous nourrissent et nous soutiennent.

Travail avec le miroir

Croyez-vous mériter la paix et la sérénité dans votre vie émotionnelle ? Si ce n'est pas le cas, vous ne vous permettrez pas de les obtenir. Regardez de nouveau dans votre miroir et dites : « Je mérite la paix intérieure et je l'accepte maintenant. » Répétez cette phrase plusieurs fois.

1. Quelles sortes de sentiments avez-vous ?

2. Comment votre corps sent-il ?

3. Êtes-vous bien, ou vous sentez-vous encore indigne de l'être ?

Si vous avez des sentiments négatifs dans votre corps, affirmez : « Je libère le schéma dans ma conscience qui crée une résistance à mon bien-être. Je mérite de me sentir bien. »

Répétez cette phrase jusqu'à ressentir une acceptation. Faites cela plusieurs jours de suite. Certains exercices peuvent vous paraître curieux. Vous vous demanderez peut-être en quoi ils pourraient vous changer, mais je les ai vus marcher pour de nombreuses personnes. Franchissez une étape à la fois et vous verrez des miracles s'accomplir.

EXERCICE : Amusez-vous avec votre enfant intérieur

Lorsque vous êtes dans un état d'angoisse ou de peur qui vous empêche de faire ce que vous voulez, c'est peut-être que vous avez abandonné votre enfant intérieur. Pensez à quelques manières de vous relier avec lui. Que pourriez-vous faire pour vous amuser ? Que pourriez-vous faire qui soit juste pour vous?

Faites une liste de 15 façons de vous amuser avec votre enfant intérieur. Vous pouvez avoir plaisir à lire de bons livres, à aller au cinéma, à jardiner, à écrire un journal ou à prendre un bain chaud. Que pensez-vous de certaines activités « enfantines » ? Prenez bien le temps de réfléchir. Vous pourriez courir sur la plage, aller sur un terrain de jeu et vous balancer sur une balançoire, vous pourriez dessiner au crayon ou grimper à un arbre. Une fois que vous avez fait votre liste, essayez au moins une activité par jour. Que la guérison commence !

1
2
3
4
5
6
7
8

9

10

11

12

13

14

15

Regardez tout ce que vous avez découvert ! Continuez – vous pouvez créer tellement de jeux pour vous et votre enfant ! Sentez la relation qui existe entre les deux parties de vous en train de guérir.

EXERCICE : Votre liste de remerciements

Pour quoi êtes-vous reconnaissant ? Comment commencez-vous votre journée ? Quelle est la première chose que vous dites le matin ? Est-elle positive ou négative ? Je passe environ dix minutes à remercier pour toutes les bonnes choses de ma vie. Faites la liste d'au moins 10 choses de votre vie pour lesquelles vous êtes reconnaissant. Vous pouvez mettre un mois pour écrire cette liste. Ne vous faites pas de souci – il n'y a pas de limite de temps. Vous pourrez toujours y ajouter quelque chose. Fermez les yeux et réfléchissez bien avant d'écrire.

1

2

3

4

5

6

7

8

9

10

Exercice : Les sentiments positifs

Examinons vos sentiments. Dans l'espace ci-dessous, écrivez 50 choses positives à propos de vous-même. Observez vos sentiments pendant que vous faites l'exercice. Y a-t-il une résistance ? Avez-vous des difficultés à vous voir sous un jour positif ? Continuez ! Souvenez-vous combien vous êtes puissant !

1

2

3

4

5

6

7

8

9

10

11

12

13

14															
15															
16															
17															
18															
19															
20															
21															
22															
23															
24															
25															
26															
27															
28															
29															
30															
31															
32															
33															
34															
35															
36															
37															

38	
39	
40	
41	
42	
43	
44	
45	
46	
47	
48	
49	
50	

Référez-vous à la liste ci-dessous, tirée de la page 51. Trouvez l'affirmation correspondant à chaque croyance. Intégrez ces affirmations à votre pratique quotidienne.

Si vous croyez :	**Votre affirmation est :**
Je suis tout le temps angoissé.	*Je suis en paix.*
J'ai peur des gens.	*Aimer les autres est facile quand je m'aime et m'accepte moi-même.*
Je suis complètement seul.	*Je suis en sécurité, ce n'est que le changement.*

Si vous croyez :	Votre affirmation est :
J'ai du mal à exprimer mes sentiments.	*Il n'y a pas de danger à exprimer mes sentiments.*
Je ne parviens pas à contenir ma colère.	*Je suis en paix avec moi-même et avec la vie.*
Je n'arrive pas à me concentrer sur quoi que ce soit.	*Ma vision intérieure est claire et sans nuages.*
Tout le monde est contre moi.	*Je suis digne d'amour et tout le monde m'aime.*
Je n'arrive pas à m'affirmer.	*J'aime qui je suis et j'affirme mon pouvoir avec sagesse.*
J'ai l'impression d'être un raté.	*Ma vie est une réussite.*
J'ai envie de disparaître dans un trou.	*Je dépasse maintenant mes vieilles peurs et mes vieilles limitations.*

« Je me donne la permission de me détendre. »

Points de pouvoir

1. Nous sommes responsables de nos expériences.
2. Chacune de nos pensées crée notre avenir.
3. Nous sommes tous confrontés à des schémas nocifs de ressentiment, de critique, de culpabilité et de haine de nous-mêmes.

4. Ce ne sont que des pensées et les pensées peuvent être changées.
5. Nous avons besoin d'abandonner le passé et de pardonner à tout le monde, y compris nous-mêmes.
6. L'approbation de soi et l'acceptation de soi dans le présent sont les clés des changements positifs.
7. Le point de pouvoir est toujours dans le moment présent.

V

Les peurs et les phobies

« Les peurs ne sont que des pensées
et les pensées peuvent être abandonnées. »

Liste des peurs et phobies

- ❑ J'ai peur de quitter la maison.
- ❑ Cela ne marchera pas pour moi.
- ❑ J'ai peur de vieillir.
- ❑ J'ai peur de prendre l'avion.
- ❑ Les gens m'effraient.
- ❑ Qu'est-ce que je vais devenir si je perds ma maison ?
- ❑ Conduire une voiture me rend claustrophobe.
- ❑ Que va-t-il se passer si j'ai une mort pénible ?
- ❑ J'ai peur d'être seul.
- ❑ Je ne serai jamais capable d'affronter la vieillesse.

Parmi ces phrases, combien ressemblent aux vôtres ? Examinons les mécanismes cachés derrière la peur.

Dans toute situation, je crois que nous avons le choix entre l'amour et la peur. Nous connaissons la peur du changement, la peur de ne pas changer, la peur de l'avenir et la peur de saisir une occasion qui se présente. Nous avons peur de l'intimité et nous avons peur d'être seuls. Nous avons peur de laisser les autres savoir ce dont nous avons besoin et qui nous sommes, et nous avons peur d'abandonner le passé.

À l'autre bout du spectre nous avons l'amour. L'amour est le miracle que nous cherchons tous. L'amour pour nous-mêmes crée des miracles dans notre vie. Je ne parle pas ici de la vanité ou de l'arrogance, qui ne sont pas de l'amour, mais de la peur. Je parle d'avoir un grand respect pour nous-mêmes et de la gratitude pour le miracle que représentent notre corps et notre esprit.

Souvenez-vous comment vous êtes quand vous avez peur de ne pas vous aimer et de ne pas vous faire confiance. Le fait de ne pas se sentir « assez bien » interfère avec le processus de prise de décision. Comment pouvez-vous prendre une bonne décision si vous n'êtes pas sûr de vous ?

Susan Jeffers, dans son merveilleux ouvrage *Feel the Fear and Do It Anyway,* constate que : « Si chacun a peur lorsqu'il aborde quelque chose de totalement nouveau dans sa vie, il y a cependant beaucoup de gens qui « s'en sortent » malgré la peur ; nous devons donc en conclure que la peur n'est pas le problème. » Elle poursuit en disant que le véritable problème n'est pas la peur elle-même, mais la manière dont nous nous comportons face à elle. Nous pouvons l'aborder depuis une position de puissance ou d'impuissance. Le fait que nous avons peur devient alors sans importance.

En étudiant ce que nous pensons être le problème, nous trouvons ce qu'est le véritable problème. Ce dernier consiste à ne pas se sentir « assez bien » et à manquer d'amour pour soi-même.

Nous sommes toujours parfaits, toujours beaux et toujours changeants. Nous faisons de notre mieux avec la compréhension, la connaissance et la conscience qui sont les nôtres. Au fur et à mesure que nous mûrirons et changerons, notre « mieux » ne fera que s'améliorer.

Exercice : Laisser aller

En lisant cet exercice, prenez une inspiration profonde et, en expirant, laissez la tension quitter votre corps. Détendez votre crâne, votre front et votre visage.

Vous n'avez pas besoin d'être tendu au niveau de votre tête pour lire. Détendez votre langue, votre gorge et vos épaules. Vous pouvez tenir un livre en ayant les bras et les mains détendus. Faites-le tout de suite. Détendez votre dos, votre abdomen et votre pelvis. Respirez en paix tout en détendant vos jambes et vos pieds.

Sentez-vous un changement notable dans votre corps depuis que vous avez commencé à lire le paragraphe précédent ? Remarquez combien vous êtes crispé. Si vous l'êtes au niveau de votre corps, vous l'êtes aussi au niveau de votre mental.

Dans cette position détendue, confortable, dites-vous : « Je suis décidé à laisser aller. Je m'abandonne. Je laisse faire. Je relâche toute tension. J'abandonne toute peur. J'abandonne toute colère. J'abandonne toute culpabilité. J'abandonne toute tristesse. J'abandonne les vieilles limitations. Je laisse aller et je suis en paix. Je suis en paix avec moi-même. Je suis en paix avec le processus de la vie. Je suis en sécurité. »

Refaites cet exercice deux ou trois fois et sentez le bien-être que vous éprouvez à laisser aller. Répétez-le chaque fois que vous vous surprenez à penser à des difficultés. Il faut un peu de pratique pour qu'il vous devienne naturel, mais une fois que vous serez familier avec lui, vous pourrez le faire n'importe où et à n'importe quel moment. Vous serez capable de vous détendre complètement dans n'importe quelle situation.

EXERCICE : Peurs et affirmations

Dans la liste qui suit, écrivez votre plus grande peur dans chaque domaine. Puis réfléchissez à une affirmation positive qui lui correspondrait.

1. Carrière

Exemple :

J'ai peur que personne ne s'aperçoive jamais de ma valeur.

Votre exemple :

Exemple d'affirmation :

À mon travail, tout le monde m'apprécie.

Votre affirmation :

2. **Logement**

Exemple :

Je n'aurai jamais quelque chose à moi.

Votre exemple :

Exemple d'affirmation :

Il y a un logement idéal pour moi et je l'accepte maintenant.

Votre affirmation :

3. **Relations familiales**

Exemple :

Mes parents ne m'accepteront pas tel que je suis.

Exemple d'affirmation :

j'accepte mes parents et à leur tour ils m'acceptent et m'aiment.

Votre affirmation :

4. **Argent**

Exemple :

J'ai peur d'être pauvre.

Votre exemple :

Exemple d'affirmation :

J'ai confiance dans le fait que tous mes besoins seront comblés.

Votre affirmation :

5. Aspect physique

Exemple :

Je me trouve gros et peu attirant.

Votre exemple :

Exemple d'affirmation :

J'abandonne le besoin de critiquer mon corps.

Votre affirmation :

6. **Sexualité**

Exemple :

J'ai peur de ne pas être à la hauteur.

Votre exemple :

Exemple d'affirmation :

Je suis détendu ; je coule avec la vie facilement et sans effort.

Votre affirmation :

7. **Santé**

Exemple :

J'ai peur d'être malade et incapable de survenir à mes besoins.

Votre exemple :

Exemple d'affirmation :

J'attirerai toujours l'aide dont j'ai besoin.

Votre affirmation :

8. Relations

Exemple :

Je ne crois pas que quelqu'un m'aimera un jour.

Votre exemple :

Exemple d'affirmation :

Je fais miens l'amour et l'acceptation. Je m'aime.

Votre affirmation :

9. Vieillesse

Exemple :

J'ai peur de vieillir.

Votre exemple :

Exemple d'affirmation :

Il y a des possibilités infinies à tout âge.

Votre affirmation :

10. Mort

Exemple :

Que se passera-t-il s'il n'y a pas de vie après la mort ?

Votre exemple :

Exemple d'affirmation :

J'ai confiance dans le processus de la vie. Je fais un voyage sans fin à travers l'éternité.

Votre affirmation :

EXERCICE : Les affirmations positives

Dans le dernier exercice, choisissez un domaine où la peur est la plus immédiate pour vous. En utilisant la visualisation, voyez-vous passant à travers cette peur, avec une issue positive. Voyez-vous libre et en paix. Écrivez une affirmation positive 25 fois. Pensez au pouvoir dans lequel vous puisez !

1

2

3

4

5

6

7															
8															
9															
10															
11															
12															
13															
14															
15															
16															
17															
18															
19															
20															
21															
22															
23															
24															
25															

Passez en revue la liste des croyances ci-dessous prise de la page 61, puis étudiez les affirmations correspondant à chaque croyance. Intégrez ces affirmations à votre pratique quotidienne. Répétez-les souvent dans votre voiture, au travail, dans le miroir et chaque fois que vous sentez vos croyances négatives refaire surface.

Si vous croyez :	Votre affirmation est :
J'ai peur de quitter la maison.	*Je suis toujours en sécurité et protégé.*
Cela ne marchera pas pour moi.	*Mes décisions sont toujours parfaites pour moi.*
J'ai peur de vieillir.	*Mon âge est parfait et je prends plaisir à chaque instant.*
J'ai peur de prendre l'avion.	*Je me centre sur la sécurité et j'accepte la perfection de ma vie.*
Les gens m'effraient.	*Je suis aimé et en sécurité où que j'aille.*
Qu'est-ce que je vais devenir si je perds ma maison ?	*Je suis chez moi dans l'univers.*
Conduire une voiture me rend claustrophobe.	*Je me détends et me déplace avec joie, facilité et confort.*
Je n'arrive pas à m'affirmer.	*J'aime qui je suis et j'affirme mon pouvoir avec sagesse.*
Que va-t-il se passer si j'ai une mort pénible ?	*Je mourrai paisiblement et confortablement au moment juste.*
J'ai peur d'être seul.	*J'exprime l'amour et j'attirerai toujours l'amour où que j'aille.*

« Je me donne la permission d'être en paix. »

Points de pouvoir

1. Nous sommes responsables de nos expériences.
2. Chacune de nos pensées crée notre avenir.
3. Nous sommes tous confrontés à des schémas nocifs de ressentiment, de critique, de culpabilité et de haine de nous-mêmes.
4. Ce ne sont que des pensées et les pensées peuvent être changées.
5. Nous avons besoin d'abandonner le passé et de pardonner à tout le monde, y compris nous-mêmes.
6. L'approbation de soi et l'acceptation de soi dans le présent sont les clés des changements positifs.
7. Le point de pouvoir est toujours dans le moment présent.

VI

La colère

« J'accepte toutes mes émotions avec amour. »

Liste de la colère

- ❑ J'ai peur de la colère.
- ❑ Si je me mettais en colère, je perdrais le contrôle de moi-même.
- ❑ Je n'ai pas le droit d'être en colère.
- ❑ La colère est mauvaise.
- ❑ Quand quelqu'un est en colère, j'ai peur.
- ❑ Il peut être dangereux de se mettre en colère.
- ❑ Mes parents ne me permettront pas de me mettre en colère.
- ❑ Je ne serais pas aimé si je me mettais en colère.
- ❑ Il faut que je cache ma colère.
- ❑ Étouffer ma colère me rend malade.
- ❑ Je n'ai jamais été en colère.
- ❑ Si je me mettais en colère, je blesserais quelqu'un.

Reconnaissez-vous l'un de ces sentiments ? La colère est peut-être l'un des plus grands obstacles pour vous.

La colère est une émotion naturelle et normale. Quand les bébés sont furieux, ils expriment leur rage, puis tout est fini. Beaucoup d'entre nous ont appris qu'il n'est pas joli, poli ou permis de se mettre en colère. Nous apprenons à avaler nos sentiments de colère. Ils s'installent dans notre corps, dans les articulations et les muscles. Ils s'accumulent et se transforment en ressentiment. Des couches et des couches de colère refoulée transformée en rancœur peuvent entraîner des maladies comme l'arthrite, des douleurs de toutes sortes et même le cancer.

Il nous faut admettre tous nos sentiments, y compris la colère, et trouver des manières positives de les exprimer. Nous n'avons pas besoin de frapper les gens ou de décharger nos problèmes sur eux, mais nous pouvons leur dire simplement et clairement : « Cela me met en colère. » Ou bien : « Je suis en colère à cause de ce que tu as fait. » Si nous n'avons pas cette possibilité, il nous reste encore plusieurs solutions : hurler dans un oreiller, taper sur le lit, donner des coups de pied dans des coussins, courir, hurler dans la voiture avec les vitres fermées, jouer au tennis. Tous ces exutoires sont sains.

1. Quel était le schéma de la colère dans votre famille ?

2. Que faisait votre père de sa colère ?

3. Que faisait votre mère de sa colère ?

4. Que faisaient vos frères et sœurs de leur colère ?

5. Y avait-il un souffre-douleur dans la famille ?

6. Enfant, que faisiez-vous de votre colère ?

7. L'exprimiez-vous ou l'étouffiez-vous ?

8. Quelle méthode employiez-vous pour la refouler ?

9. Étiez-vous :

boulimique	❑ oui	❑ non
toujours malade	❑ oui	❑ non
enclin aux accidents	❑ oui	❑ non
bagarreur	❑ oui	❑ non
mauvais élève	❑ oui	❑ non
toujours en train de pleurer	❑ oui	❑ non

10. Comment venez-vous à bout de votre colère maintenant ?

11. Reconnaissez-vous un schéma familial ?

12. À quel membre de votre famille ressemblez-vous lorsqu'il vous arrive d'exprimer votre colère ?

13. Avez-vous le « droit » d'être en colère ?

14. Pourquoi pas ? Qui s'y opposait ?

15. Pouvez-vous vous donner la permission d'exprimer tous vos sentiments de manière appropriée ?

Un truc rapide et simple lorsque vous êtes submergé par vos sentiments : levez-vous et asseyez-vous plusieurs fois de suite en disant à haute voix : « Oui ! Non ! Va-t-en ! Oui ! Non ! Va-t-en ! » Essayez. Cette méthode fait des miracles et permet une libération rapide.

Si vous avez beaucoup de colère refoulée, vous êtes sans doute tout le temps en colère. Celle-ci bouillonne juste sous la surface et la moindre chose va la déclencher. Vous ne l'exprimez peut-être pas, mais vous allez râler sans cesse et être plein de rancœur, de jugements. Vous critiquez probablement tout ceux qui vous entourent. Et si vous critiquez les autres, vous vous critiquez certainement aussi vous-même. Demandez-vous donc :

1. Qu'est-ce que cela m'apporte d'être tout le temps en colère ?

2. Que se passe-t-il si je laisse aller ma colère ?

3. Suis-je décidé à pardonner et à être libre ?

EXERCICE : Écrire une lettre

Pensez à quelqu'un qui vous met toujours en colère. Ce peut être une colère ancienne. Écrivez une lettre à cette personne. Exprimez-lui tous vos griefs et la manière dont vous vous sentez. Ne vous retenez pas. Exprimez-vous totalement. Utilisez davantage de papier si nécessaire.

Lorsque vous avez terminé la lettre, lisez-la une fois. Puis pliez-la et à l'extérieur écrivez : « Ce que je désire vraiment, c'est ton amour et ton approbation. » Puis brûlez la lettre et oubliez-la.

Travail avec le miroir

Prenez une autre personne, ou la même, envers laquelle vous êtes en colère. Asseyez-vous devant un miroir. Assurez-vous d'avoir quelques mouchoirs à proximité. Regardez-vous dans les yeux et voyez l'autre personne. Dites-lui pourquoi vous êtes tellement en colère.

Lorsque vous avez terminé, dites-lui : « Ce que je veux vraiment est ton amour et ton approbation. » Nous recherchons tous l'amour et l'approbation. C'est ce que nous attendons de tout le monde et c'est ce que tout le monde attend de nous. L'amour et l'approbation apportent l'harmonie dans notre vie.

Afin d'être libres, nous avons besoin d'abandonner les anciens liens qui nous ligotent. Une fois de plus, regardez dans le miroir et affirmez à vous-même : « Je suis décidé à abandonner le besoin d'être en colère. » Observez si vous avez réellement cette volonté ou bien si vous vous accrochez encore au passé.

Passez en revue la liste des croyances ci-dessous prise de la page 75.À côté d'elles se trouvent les affirmations correspondantes.

Répétez-les dans votre voiture, pendant que vous vous brossez les dents le matin, devant le miroir et chaque fois que vous sentez vos croyances négatives refaire surface.

Si vous croyez :	Votre affirmation est :
J'ai peur de la colère.	*J'admets tous mes sentiments. Il n'y a pas de danger pour moi à admettre ma colère.*
Si je me mettais en colère, je perdrais le contrôle de moi-même.	*J'exprime ma colère dans des lieux et avec des moyens appropriés.*
Je n'ai pas le droit d'être en colère.	*Toutes mes émotions sont acceptables.*
La colère est mauvaise.	*La colère est normale et naturelle.*
Quand quelqu'un est en colère, j'ai peur.	*Je réconforte mon enfant intérieur et nous sommes en sécurité.*
Il peut être dangereux de se mettre en colère.	*Je suis en sécurité avec toutes mes émotions.*
Mes parents ne me permettront pas de me mettre en colère.	*Je dépasse les limitations de mes parents.*
Je ne serais pas aimé si je me mettais en colère.	*Plus je suis honnête, plus je suis aimé.*
Il faut que je cache ma colère.	*J'exprime ma colère de manière appropriée.*

Si vous croyez :	Votre affirmation est :
Étouffer ma colère me rend malade.	*Exprimer sainement ma colère me maintient en bonne santé.*
Je n'ai jamais été en colère.	*Je m'accorde la liberté avec toutes mes émotions, y compris la colère.*
Si je me mettais en colère, je blesserais quelqu'un.	*Tout le monde est en sécurité quand j'exprime mes émotions.*

« Je me donne la permission d'admettre mes sentiments. »

Points de pouvoir

1. Nous sommes responsables de nos expériences.
2. Chacune de nos pensées crée notre avenir.
3. Nous sommes tous confrontés à des schémas nocifs de ressentiment, de critique, de culpabilité et de haine de nous-mêmes.
4. Ce ne sont que des pensées et les pensées peuvent être changées.
5. Nous avons besoin d'abandonner le passé et de pardonner à tout le monde, y compris nous-mêmes.
6. L'approbation de soi et l'acceptation de soi dans le présent sont les clés des changements positifs.
7. Le point de pouvoir est toujours dans le moment présent.

VII

Critique et jugement

Liste de la critique et du jugement

- ❑ Pourquoi y a-t-il tant de mauvais conducteurs ?
- ❑ Les gens sont stupides.
- ❑ Je suis un vrai crétin.
- ❑ Je le ferais si je n'étais pas si gros.
- ❑ Ce sont les vêtements les plus laids que je n'aie jamais vus.
- ❑ Ils n'arriveront jamais à finir le travail.
- ❑ Je casse tout.
- ❑ Les gens qui m'entourent sont des rustres.
- ❑ Mes voisins sont très bruyants.
- ❑ Personne ne me demande mon avis.
- ❑ As-tu vu la vieille voiture qu'elle a ?
- ❑ Je déteste son rire.

Votre dialogue intérieur ressemble-t-il à celui-ci ? Votre voix intérieure est-elle sans cesse en train de dénigrer, dénigrer, dénigrer ? Voyez-vous le monde à travers des yeux critiques ? Jugez-vous tout ce qui vous entoure ? Êtes-vous toujours en train d'affirmer votre bon droit ?

La plupart d'entre nous ont tellement l'habitude de juger et de critiquer qu'ils ont du mal à cesser de le faire. C'est le problème le plus important sur lequel travailler immédiatement. Nous ne pourrons jamais nous aimer véritablement nous-mêmes tant que nous n'aurons pas dépassé le besoin de nous gâcher la vie.

Bébé, vous étiez tout à fait ouvert à la vie. Vous regardiez le monde avec des yeux pleins d'émerveillement. Sauf si quelqu'un vous effrayait ou vous faisait du mal, vous acceptiez la vie telle qu'elle était. Plus tard, en grandissant, vous avez commencé à accepter les opinions des autres et à les faire vôtres. Vous avez appris à critiquer.

1. Quel était le schéma de votre famille ?

2. Qu'avez-vous appris de votre mère en ce qui concerne la critique ?

3. Que critiquait-elle ?

4. Vous critiquait-elle ?

6. Votre père portait-il des jugements ?

7. Se jugeait-il lui-même ?

8. Comment votre père vous jugeait-il ?

9. La critique mutuelle faisait-elle partie du schéma familial ?

10. Comment et quand les membres de votre famille se critiquaient-ils ?

11. À quelle occasion avez-vous été critiqué pour la première fois ?

12. Comment votre famille jugeait-elle les voisins ?

13. À l'école, aviez-vous des enseignants affectueux qui vous soutenaient ? Ou bien étaient-ils toujours en train de vous dire ce qui n'allait pas ? Quelles sortes de choses vous disaient-ils ?

14. Commencez-vous à voir d'où vous avez repris ce schéma ? Dans votre enfance, qui était la personne la plus critique ?

Vous avez peut-être été amené à croire que vous aviez besoin de vous critiquer pour grandir et changer. Je ne suis pas du tout d'accord avec ce concept !

Je crois que la critique ratatine notre mental. Elle ne fait que renforcer la croyance que « nous ne sommes pas assez bien ». Elle ne met certainement pas en valeur le meilleur de nous-mêmes.

EXERCICE : Remplacer vos « devrais »

Comme je l'ai dit souvent, je crois que « devrais » est l'un des mots les plus nocifs de notre langue. Chaque fois que nous l'utilisons, nous sommes, en effet, en train de dire « faux ». Soit nous faisons faux, soit nous avons fait faux, soit nous allons faire faux. J'aimerais bannir pour toujours le mot « devrais » de notre vocabulaire et le remplacer par le mot « pourrais ». « Pourrais » nous donne le choix et nous ne faisons jamais faux. Pensez à cinq choses que vous « devriez » faire.

Remplacez « devrais » par « pourrais ».

Je pourrais :

Maintenant, demandez-vous : « Pourquoi ne l'ai-je pas fait ? » Vous découvrirez peut-être que vous vous êtes réprimandé pendant des années pour quelque chose que vous ne teniez pas du tout à faire, ou pour quelque chose qui n'a jamais été votre idée. Combien de « devrais » pouvez-vous barrer de votre liste ?

EXERCICE : Votre liste de critiques

Faites une liste avec cinq choses pour lesquelles vous vous critiquez :

1

2

3

4

5

Maintenant, reprenez cette liste et mettez une date à côté de chacun des éléments - la date à laquelle vous avez ajouté cet élément à votre liste de « faux ».

N'êtes-vous pas surpris par le temps depuis lequel vous vous critiquez pour la même chose ? Cette habitude n'a amené aucun changement positif, n'est-ce pas ? Exactement. La critique ne marche pas ! Elle a pour seule conséquence que vous vous sentez mal. Décidez-vous donc à cesser de critiquer.

Pour grandir et s'épanouir, un enfant a besoin d'amour, d'acceptation et de compliments. On peut nous montrer de « meilleures » façons de faire les choses sans nous démontrer que les nôtres étaient « fausses ». L'enfant en nous a encore besoin de cet amour et de cette approbation.

« Je t'aime et je sais que tu fais du mieux que tu peux. »

« Tu es parfait tel que tu es. »

« Tu es de plus en plus merveilleux chaque jour. »

« Je t'approuve. »

« Voyons si nous pouvons trouver un meilleur moyen de faire cela. »

« Il est amusant de grandir et de changer ; nous pouvons le faire ensemble. »

Ce sont là les paroles que les enfants veulent entendre. Avec ces mots, ils se sentent bien. Lorsqu'ils se sentent bien, ils font de leur mieux. Ils se développent merveilleusement.

Si votre enfant, ou votre enfant intérieur, est habitué à faire toujours « faux », il peut lui falloir du temps pour accepter les nouveaux mots positifs. Si vous prenez la décision définitive d'abandonner la critique et que vous vous y tenez, vous pouvez faire des miracles.

Donnez-vous un mois pour parler à votre enfant intérieur de manière positive. Utilisez la liste d'affirmations ci-dessus. Faites une liste avec vos propres affirmations.

Ayez sur vous une de ces listes. Lorsque vous vous surprenez en train de recommencer à critiquer, prenez la liste et lisez-la deux ou trois fois, de préférence à haute voix devant un miroir.

EXERCICE : Qui vous agace ?

Qui d'autre dénigrez-vous ? Faites une liste avec cinq noms et ce que vous trouvez de plus gênant chez ces personnes.

Exemple :

Georges. Il ne sourit jamais.

Sally. Son maquillage est horrible.

1	
2	
3	
4	
5	

Maintenant, prenez ces mêmes personnes et faites une autre liste. Cette fois, trouvez quelque chose de positif à dire sur chacune d'elles – une chose pour laquelle vous pouvez lui faire des compliments. Cherchez. La moindre petite chose fera l'affaire.

1

2

3

4

5

À partir de maintenant, chaque fois que vous penserez à ces personnes, utilisez une phrase tirée de la liste des compliments. Gardez votre esprit plein de pensées positives. Prenez l'habitude de vous autoriser à n'émettre que des commentaires positifs. Si vous voulez transformer votre vie, vous devez contrôler votre langue.

Exercice : Écoutez-vous

Cet exercice nécessite un magnétophone. Enregistrez vos conversations téléphoniques pendant environ une semaine – seulement votre voix. Lorsque la bande est pleine des deux côtés, asseyez-vous pour l'écouter. Écoutez non seulement ce que vous dites, mais aussi la manière dont vous le dites. Quelles sont vos croyances ? Qui et quoi critiquez-vous ? Auquel de vos parents, éventuellement, ressemblez-vous ?

En abandonnant le besoin de vous critiquer sans cesse, vous remarquerez que vous ne critiquerez plus autant les autres.

Lorsque vous accepterez d'être vous-même, vous permettrez automatiquement aux autres d'être eux-mêmes. Leurs petites habitudes ne vous dérangeront plus autant. Vous abandonnerez le besoin de « les changer » pour les rendre comme vous les voulez. Quand vous cessez de juger les autres, ils abandonnent le besoin de vous juger. Tout le monde devient libre.

Passez en revue la liste des croyances ci-dessous prise de la page 85, puis étudiez les affirmations correspondant à chaque croyance. Intégrez ces affirmations à votre pratique quotidienne. Répétez-les dans votre voiture, devant le miroir, au travail et chaque fois que vous sentez vos croyances négatives refaire surface.

Si vous croyez :	Votre affirmation est :
Pourquoi y a-t-il tant de mauvais conducteurs ?	*Je m'entoure avec amour de merveilleux conducteurs.*
Les gens sont stupides.	*Chacun fait de son mieux, moi y compris.*
Je suis un vrai crétin.	*Je m'aime et je m'approuve.*
Je le ferais si je n'étais pas si gros.	*J'apprécie le miracle qu'est mon corps.*
Ce sont les vêtements les plus laids que je n'aie jamais vus.	*J'aime le caractère unique que les gens expriment par leur façon de s'habiller.*
Ils n'arriveront jamais à finir le travail.	*J'abandonne le besoin de critiquer autrui.*
Je casse tout.	*Je suis de plus en plus capable.*
Les gens qui m'entourent sont des rustres.	*Je mets de l'ordre dans ma tête et ceci se reflète chez tous ceux qui m'entourent.*
Mes voisins sont très bruyants.	*J'abandonne le besoin d'être dérangé.*
Personne ne me demande mon avis.	*Mes opinions sont prises en considération.*
As-tu vu la vieille voiture qu'elle a ?	*Je soutiens avec amour le choix de son mode de transport.*

Si vous croyez :	Votre affirmation est :
Je déteste son rire.	*Je prends plaisir à entendre son rire.*

Points de pouvoir

1. Nous sommes responsables de nos expériences.
2. Chacune de nos pensées crée notre avenir.
3. Nous sommes tous confrontés à des schémas nocifs de ressentiment, de critique, de culpabilité et de haine de nous-mêmes.
4. Ce ne sont que des pensées et les pensées peuvent être changées.
5. Nous avons besoin d'abandonner le passé et de pardonner à tout le monde, y compris nous-mêmes.
6. L'approbation de soi et l'acceptation de soi dans le présent sont les clés des changements positifs.
7. Le point de pouvoir est toujours dans le moment présent.

VIII

LES DÉPENDANCES

« Aucun être, aucun lieu, aucune chose n'a de pouvoir sur moi. Je suis libre. »

LISTE DES DÉPENDANCES

- ❑ Je veux me sentir mieux tout de suite.
- ❑ Fumer réduit mon stress.
- ❑ Avoir beaucoup de rapports sexuels m'aide à m'évader.
- ❑ Je ne peux m'arrêter de manger.
- ❑ Boire me rend populaire.
- ❑ J'ai besoin de perfection.
- ❑ Je joue trop.
- ❑ J'ai besoin de mes tranquillisants.
- ❑ Je n'arrive pas à cesser d'acheter.
- ❑ Je ne peux échapper aux relations qui me font du mal.

Parmi ces phrases, combien, ressemblent aux vôtres ? Examinons de plus près ces comportements.

Une conduite de dépendance est une manière de dire « je ne suis pas assez bien ». Lorsque nous sommes pris dans ce type de comportement, nous essayons d'échapper à nous-mêmes. Nous ne parvenons pas à être proches de nos sentiments. Une chose que nous croyons, disons ou faisons est trop pénible pour que nous la regardions, si bien que nous mangeons trop, nous buvons, avons un comportement sexuel obsessionnel, prenons des comprimés, dépensons l'argent que nous n'avons pas et engageons des relations qui nous font du mal.

Il existe des programmes en douze étapes qui s'attaquent à la plupart de ces dépendances ; ils sont efficaces pour des milliers de personnes. Nous ne pouvons espérer égaler, dans ce chapitre, ce qu'ils ont fait pour les gens ayant des conduites de dépendance. Je crois que nous devons d'abord prendre conscience que nous avons en nous un besoin de telles conduites. Ce besoin doit être abandonné pour que le comportement puisse être modifié.

L'amour et l'approbation de vous-même, la confiance dans le processus de la vie et le sentiment d'être en sécurité parce que vous connaissez la puissance de votre esprit sont des choses très importantes lorsque vous vous attaquez à des conduites de dépendance. Mon expérience avec des personnes dépendantes m'a montré que la plupart ont en commun une profonde haine d'elles-mêmes. Elles sont impitoyables envers elles-mêmes. Jour après jour, elles se punissent. Pourquoi ? Parce qu'à un moment de leur enfance, elles ont pris pour argent comptant l'idée qu'elles n'étaient pas assez bien, qu'elles étaient mauvaises et avaient besoin d'être punies. Les expériences de la petite enfance en rapport avec des mauvais traitements physiques, émotionnels ou sexuels contribuent à cette haine de soi-même. L'honnêteté, le pardon, l'amour de soi-même et la volonté de vivre dans la vérité peuvent aider à guérir ces blessures précoces et libérer la personne dépendante de son comportement. J'ai aussi découvert que la personnalité dépendante a peur. Elle a très peur de laisser aller et de faire confiance au processus de la vie. Aussi longtemps que nous croirons que le monde est un lieu dangereux, avec des gens et des situations qui cherchent à nous « avoir » cette croyance sera notre réalité.

Êtes-vous décidé à abandonner les idées et les croyances qui ne vous soutiennent et ne vous nourrissent pas ? Alors vous êtes prêt à continuer notre voyage.

Exercice : Abandonnez vos dépendances

C'est ici que se produisent les changements – ici et maintenant dans notre tête! Faites quelques respirations profondes, fermez les yeux et pensez à la personne, le lieu ou la chose dont vous êtes dépendant. Pensez à la folie qui se cache derrière la dépendance. Vous essayez de venir à bout de ce que vous jugez faux à l'intérieur de vous en vous accrochant à quelque chose qui est à l'extérieur de vous. Le point de pouvoir est dans le moment présent et vous pouvez commencer à changer aujourd'hui.

Une fois encore, ayez la volonté d'abandonner le besoin. Dites :

« Je suis décidé à abandonner le besoin de.............. dans ma vie. Je l'abandonne maintenant et fais confiance au processus de la vie pour qu'il comble mes besoins. »

Dites cela chaque matin dans vos méditations et vos prières quotidiennes. Vous avez fait un nouveau pas vers la liberté.

Exercice : Les secrets de votre dépendance

Faites la liste de dix secrets dont vous n'avez jamais parlé à personne en ce qui concerne vos dépendances. Si vous êtes boulimique, vous avez peut-être fini une boîte de conserve tirée de la poubelle. Si vous êtes alcoolique, vous avez peut-être de l'alcool dans votre voiture pour pouvoir boire en conduisant. Si vous êtes un joueur invétéré, vous avez peut-être mis votre famille en danger afin d'emprunter de l'argent pour continuer à satisfaire votre dépendance.

1

2

3

4

5

6

7

8

9

10

Comment vous sentez-vous maintenant ? Regardez votre pire « secret ». Visualisez-vous à cette période de votre vie et aimez cette personne. Dites-lui que vous l'aimez et lui pardonnez. Regardez-vous dans le miroir et dites : « Je te pardonne et je t'aime exactement tel que tu es. » Respirez.

EXERCICE : Demandez à votre famille

Revenons un instant à notre enfance et posez quelques questions.

1. Ma mère me faisait toujours...

2. Ce que je voulais vraiment qu'elle me dise était...

3. Ce que ma mère ne savait pas était...

4. Mon père me disait que je ne devrais pas...

5. Si seulement mon père avait su...

6. J'aurais aimé pouvoir dire à mon père...

7. Maman, je te pardonne de...

8. Papa, je te pardonne de...

9. Qu'aimeriez-vous encore dire à vos parents à propos de vous ? Quelle est l'histoire inachevée qui vous reste sur le cœur ?

De nombreuses personnes viennent me voir en me disant qu'elles ne peuvent prendre du plaisir maintenant à cause de quelque chose qui a eu lieu dans le passé. S'accrocher au passé NE BLESSE QUE NOUS. Nous refusons de vivre dans l'instant présent. Le passé est passé et ne peut être changé. L'instant présent, est le seul moment que nous puissions vivre.

EXERCICE : Abandonner le passé

Nettoyons maintenant le passé dans notre tête. Abandonnons l'attachement émotionnel qui lui est lié. Laissons les souvenirs n'être que des souvenirs.

Si vous vous souvenez de ce que vous portiez à l'âge de dix ans, ce n'est généralement pas un attachement. C'est simplement un souvenir.

Il peut en être de même pour tous les événements passés de notre vie. En laissant aller, nous devenons libres d'utiliser notre puissance mentale pour apprécier le moment présent et créer un avenir brillant.

Nous n'avons pas besoin de nous punir pour le passé.

1. Faites la liste de toutes les choses que vous voulez abandonner.

2. Dans quelle mesure êtes-vous décidé à les abandonner ? Observez vos réactions et écrivez-les.

3. Que devez-vous faire pour abandonner ces choses ? Dans quelle mesure êtes-vous décidé à le faire ?

EXERCICE : L'approbation de soi-même

Puisque la haine de soi-même joue un rôle si important dans la conduite de dépendance, nous allons maintenant faire l'un de mes exercices favoris, que j'utilise très souvent. Je l'ai donné à des milliers de gens et ses résultats sont phénoménaux.

Chaque fois que vous pensez à votre dépendance et au mois prochain, répétez-vous sans cesse : « JE M'APPROUVE ».

Faites cela trois ou quatre cents fois par jour. Non, ce n'est pas trop. Lorsque vous vous faites du souci, vous revenez sur votre problème ce même nombre de fois, au minimum, par jour. Faites en sorte que ce « je m'approuve » devienne un mantra, quelque chose que vous vous répétez sans cesse, presque « non-stop ».

Dire « je m'approuve » a pour effet garanti d'éveiller dans votre conscience tout ce qui s'y oppose. Lorsque vous avez une pensée négative telle que « Comment peux-tu t'approuver – tu dépenses tout ton argent » ou « Tu viens juste de manger deux morceaux de gâteau » ou « Tu ne feras jamais rien » , ou n'importe quel autre bavardage, c'est le moment de prendre le contrôle de votre mental. N'accordez aucune importance à cette pensée. Prenez-la simplement pour ce qu'elle est, une façon de vous bloquer dans le passé. Dites-lui gentiment non : « Merci de me faire part de cela.

Je te laisse, je m'approuve ». Ces pensées de résistance n'auront plus de pouvoir sur vous sauf si vous choisissez de croire en elles.

Passez en revue la liste des croyances ci-dessous prise de la page 97, puis étudiez les affirmations correspondant à chaque croyance. Intégrez ces affirmations à votre pratique quotidienne. Répétez-les au travail, dans votre voiture, ou pendant que vous vous brossez les dents le matin.

Si vous croyez :	Votre affirmation est :
Je veux me sentir mieux tout de suite.	*Je suis en paix.*
Fumer réduit mon stress.	*J'abandonne mon stress avec facilité.*
Avoir beaucoup de rapports sexuels m'aide à m'évader.	*J'ai le pouvoir, la force et la connaissance pour venir à bout de tout dans ma vie.*
Je ne peux m'arrêter de manger.	*L'amour m'entoure, me protège et me nourrit.*
Boire me rend populaire.	*Je rayonne l'acceptation et je suis profondément aimé par les autres.*
J'ai besoin de perfection.	*J'autorise et j'accueille volontiers le changement.*
Je joue trop.	*Je suis ouvert à la sagesse qui est en moi.*
J'ai besoin de mes tranquillisants.	*Je me détends dans le flot de la vie et je laisse la vie me procurer facilement et confortablement tout ce dont j'ai besoin.*

Si vous croyez :	Votre affirmation est :
Je n'arrive pas à cesser d'acheter.	*Je suis décidé à créer de nouvelles pensées à propos de moi et de ma vie.*
Je ne peux échapper aux relations qui me font du mal.	*Je suis puissant et capable. J'aime et j'apprécie tout ce qui est en moi.*

« Je me donne la permission de changer. »

POINTS DE POUVOIR

1. Nous sommes responsables de nos expériences.
2. Chacune de nos pensées crée notre avenir.
3. Nous sommes tous confrontés à des schémas nocifs de ressentiment, de critique, de culpabilité et de haine de nous-mêmes.
4. Ce ne sont que des pensées et les pensées peuvent être changées.
5. Nous avons besoin d'abandonner le passé et de pardonner à tout le monde, y compris nous-mêmes.
6. L'approbation de soi et l'acceptation de soi dans le présent sont les clés des changements positifs.
7. Le point de pouvoir est toujours dans le moment présent.

IX

Le pardon

« Je suis pardonné et je suis libre. »

Liste du pardon

- ❏ Je ne leur pardonnerai jamais.
- ❏ Ce qu'ils ont fait est impardonnable.
- ❏ Ils ont ruiné ma vie.
- ❏ Ils l'ont fait exprès.
- ❏ J'étais si petit et ils m'ont fait si mal.
- ❏ C'est à eux de s'excuser d'abord.
- ❏ Mon ressentiment me garde à l'abri.
- ❏ Seuls les faibles pardonnent.
- ❏ J'ai raison et ils ont tort.
- ❏ Tout est de la faute de mes parents.
- ❏ Je n'ai pas à pardonner qui que ce soit.

Résonnez-vous à certaines de ces phrases ? Le pardon est un domaine délicat pour la plupart d'entre nous.

Nous avons tous besoin de faire un travail de pardon. Tous ceux qui ont un problème pour s'aimer eux-mêmes sont bloqués dans ce domaine. Le pardon ouvre notre cœur à l'amour de nous-mêmes. Nous sommes nombreux à garder des rancunes pendant des années. Nous avons l'impression d'être dans notre bon droit à cause de ce qu'*ils* nous ont fait. J'appelle ce phénomène « être emprisonné dans le bon droit du ressentiment ». Nous arrivons peut-être à avoir raison, mais nous n'arrivons jamais à être heureux.

Je vous entends dire : « Mais vous ne savez pas ce qu'ils m'ont fait, c'est impardonnable. » Ne pas vouloir pardonner est un tort terrible que nous nous faisons. Garder de la rancœur, c'est comme avaler une cuillère de poison chague jour, car elle s'accumule et nous fait du mal. Il est impossible d'être en bonne santé et libre lorsque nous restons ligotés par le passé. L'incident est clos depuis longtemps. C'est vrai, ils ne se sont pas bien conduits. Mais c'est fini. Nous avons parfois l'impression qu'en leur pardonnant, nous leur dirions que ce qu'ils nous ont fait est bien.

L'une des plus grandes leçons spirituelles que nous ayons à apprendre est que « tout le monde » fait de son mieux à tout moment. Les gens ne peuvent agir qu'avec la compréhension, la conscience et la connaissance qui sont les leurs. Invariablement, celui qui maltraite quelqu'un a été maltraité enfant. Plus grande était la violence, plus grande avait été leur souffrance intérieure. Je ne dis pas cela pour excuser des mauvais comportements. Mais pour notre croissance spirituelle, nous devons être conscients de leur souffrance.

L'incident est clos. Peut-être depuis longtemps. Abandonnez-le. Autorisez-vous à être libre. Sortez de votre prison et marchez sous le soleil de la vie. Si l'incident continue, demandez-vous pourquoi vous vous estimez si peu, au point d'y être encore confronté. Pourquoi restez-vous dans une telle situation ? Le but de ce livre est de vous aider à augmenter l'estime de vous-même à un niveau tel que vous ne vous autoriserez plus qu'à vivre des expériences d'amour. Ne perdez pas de temps à « vous venger ». Cela ne marche pas. Ce que nous donnons nous revient toujours. Laissez donc tomber le passé et travaillez à vous aimer vous-même dans le présent. Nous aurons alors un avenir merveilleux.

La personne la plus difficile à pardonner est celle qui peut vous donner les plus grandes leçons. Lorsque vous vous aimerez vous-même suffisamment pour vous élever au-dessus de l'ancienne situation, la compréhension et le pardon seront faciles. Et vous serez libre. La liberté vous effraie-t-elle ? Vous paraît-il plus sûr d'être bloqué dans votre ancien ressentiment et votre ancienne rancœur ?

Travail avec le miroir

Il est temps de revenir à notre ami, le miroir. Regardez-vous dans les yeux et dites en sentant bien vos paroles : « Je suis décidé à pardonner ! » Répétez cette phrase plusieurs fois.

Que ressentez-vous ? Vous sentez-vous buté et bloqué ? Ou bien ouvert et décidé ?

Notez simplement vos sentiments. Ne les jugez pas. Respirez profondément plusieurs fois et répétez l'exercice. Vous semble-t-il un peu différent ?

Exercice : Les attitudes familiales

1. Votre mère pardonnait-elle ?

2. Votre père pardonnait-il ?

3. La rancœur était-elle un moyen familial de traiter les blessures ?

4. Comment votre mère prenait-elle sa revanche ?

5. Comment votre père prenait-il sa revanche ?

6. Comment vous vengez-vous ?

7. Vous sentez-vous bien lorsque vous vous êtes vengé ?

8. Pourquoi ?

Il y a un phénomène intéressant à observer: lorsque nous faisons notre travail de pardon, les aurres y réagissent souvent. Il n'est pas nécessaire d'aller vers la personne en question et de lui dire que vous lui pardonnez. Vous auriez parfois envie de le faire, mais vous n'en avez pas besoin. Le plus grand travail de pardon se fait dans votre cœur. Le pardon est rarement pour « eux ». Il est pour nous. Il est même possible que la personne que vous devez pardonner soit déjà morte.

J'ai entendu de nombreux patients raconter qu'une fois qu'ils avaient réellement pardonné, ils avaient reçu, un mois ou deux plus tard, un coup de téléphone ou une lettre de l'autre personne, leur demandant de lui pardonner. Ceci semble particulièrement vrai pour le travail de pardon fait devant un miroir. En faisant cet exercice, notez la profondeur de vos sentiments.

Travail avec le miroir

Le travail avec le miroir est souvent inconfortable; nous aurions envie d'y échapper. Si vous faites votre travail avec le miroir dans votre salle de bains, il est beaucoup trop facile de prendre la porte. Je crois que c'est en vous asseyant devant une glace que vous tirerez le maximum de bénéfices de ce type d'exercice. Pour ma part, j'aime utiliser la grande glace qui est derrière la porte de ma chambre. Je m'installe avec une boîte de mouchoirs et mon chien s'assied souvent à côté de moi pour me réconforter.

Donnez-vous du temps pour faire cet exercice, ou bien refaites-le souvent. Nous avons beaucoup de gens à pardonner. Asseyez-vous devant la glace. Fermez les yeux et respirez profondément plusieurs fois. Pensez aux nombreuses personnes qui vous ont blessé. Passez-les en revue dans votre tête. Maintenant ouvrez les yeux et commencez à parler à l'une d'entre elles.

Dites par exemple : « Tu m'as profondément blessé. Mais je ne vais pas rester bloqué dans le passé. Je suis décidé à te pardonner. » Faites une respiration et dites « Je te pardonne et te libère. » Respirez encore et dites : « Tu es libre et je suis libre. »

Observez comment vous vous sentez. Vous pouvez remarquer une résistance ou vous sentir sûr de vous. Si vous percevez une résistance, respirez simplement et dites : « Je veux abandonner toute résistance. »

Certains jours vous pouvez pardonner à plusieurs personnes, d'autres jours vous ne pouvez pardonner qu'à une seule. Cela importe peu. Mais quoi que vous fassiez, cet exercice est parfait pour vous. Pardonner, c'est comme peler les écailles d'un oignon. S'il y a trop de larmes, laissez l'oignon de côté pour la journée. Vous pourrez toujours le reprendre pour enlever une autre couche. Remerciez-vous vous-même d'avoir déjà eu la volonté d'entamer cet exercice.

En continuant l'exercice, aujourd'hui ou un autre jour, élargissez la liste des gens à pardonner. Souvenez-vous :

famille
enseignants

enfants de votre école
amoureux
amis
environnement de travail
ministères ou personnalités du gouvernement
membres d'une Église
personnel d'hôpital
autres figures d'autorité
Dieu
moi-même.

Avant tout, pardonnez-vous vous-même. Cessez d'être dur avec vous-même. L'autopunition n'est pas nécessaire. Vous avez fait du mieux que vous pouviez.

Asseyez-vous encore une fois devant la glace avec votre liste. Dites à chaque personne de cette liste : « Je te pardonne pour.............. » Respirez. « Je te pardonne et te libère. »

Parcourez votre liste jusqu'en bas ; si vous vous sentez libéré de votre colère envers une personne, barrez son nom. Si vous n'en êtes pas libéré, mettez-la de côté ; vous reviendrez travailler sur elle plus tard.

En continuant à faire cet exercice, vous vous apercevrez que des fardeaux tombent de vos épaules. Vous serez peut-être surpris de voir combien de vieux bagages vous avez portés. Soyez doux envers vous-même en faisant le processus de nettoyage.

Faites une liste

Mettez un peu de musique douce – quelque chose qui vous permettra d'être détendu et en paix. Prenez une feuille et un crayon et laissez votre esprit vagabonder. Revenez à votre passé et pensez à toutes les choses à propos desquelles vous êtes en colère après vous-même. Écrivez-les. Écrivez-les toutes. Vous découvrirez peut-être que vous ne vous êtes jamais pardonné d'avoir mouillé votre pantalon et d'en avoir été embarrassé durant votre première année de classe. Que de temps passé à porter ce fardeau !

Parfois il est plus facile de pardonner aux autres que de pardonner à soi-même. Nous sommes souvent durs avec nous-mêmes et exigeons la perfection. Toutes les erreurs que nous faisons sont sévèrement punies. Il est temps de dépasser cette vieille attitude.

Les erreurs sont notre manière d'apprendre. Si nous étions parfaits, il n'y aurait rien à apprendre. Nous n'aurions pas besoin d'être sur cette planète. Être parfait ne vous fera pas obtenir l'amour et l'approbation de vos parents – cela ne fera que vous faire sentir « faux » et pas assez bien. Ne prenez pas trop les choses au sérieux et cessez de vous traiter ainsi.

Pardonnez-vous. Laissez aller. Donnez-vous l'espace d'être spontané et libre. La honte et la culpabilité ne sont pas nécessaires.

Souvenez-vous combien c'était merveilleux de courir librement lorsque vous étiez enfant ! Sortez, allez sur la plage, dans un parc ou même dans un terrain vague, et courez. Ne faites pas du jogging, mais courez follement et librement – faites un saut périlleux – sautez – et tout cela en riant ! Emmenez votre enfant intérieur et amusez-vous. Quelle importance si quelqu'un vous voit ? C'est pour votre liberté !

Passez en revue la liste des croyances ci-dessous reprise de la page 107.

Trouvez l'affirmation correspondant à chaque croyance négative.

Si vous croyez :	**Votre affirmation est :**
Je ne leur pardonnerai jamais.	*Cet instant est neuf. Je suis libre de laisser aller.*
Ils ne méritent pas d'être pardonnés.	*Je pardonne, qu'ils le méritent ou non.*
Ce qu'ils m'ont fait est impardonnable.	*Je suis décidé à dépasser mes vieilles limitations.*

Si vous croyez :	Votre affirmation est :
Ils ont ruiné ma vie.	*Je prends la responsabilité de ma vie. Je suis libre.*
Ils l'ont fait exprès.	*Ils ont fait de leur mieux avec la connaissance, la compréhension et la conscience qui étaient les leurs à l'époque.*
J'étais si petit et ils m'ont fait si mal.	*Je suis maintenant adulte et je m'occupe avec amour de mon enfant intérieur.*
C'est à eux de s'excuser d'abord.	*Ma croissance spirituelle ne dépend pas des autres.*
Mon ressentiment me garde à l'abri.	*Je me libère de ma prison. Je. suis en sécurité et libre.*
Je n'arrive pas à cesser d'acheter.	*Je suis décidé à créer de nouvelles pensées à propos de moi et de ma vie.*
Seuls les faibles pardonnent.	*C'est être fort que de pardonner et laisser aller.*
J'ai raison et ils ont tort.	*Il n'y a pas de juste et de faux. Je dépasse le jugement.*
Tout est de la faute de mes parents.	*Mes parents m'ont traité de la façon dont ils avaient été traités. Je leur pardonne et je pardonne aussi à leurs parents.*

Si vous croyez :	Votre affirmation est :
Je n'ai pas à pardonner qui que ce soit.	*Je refuse de me limiter. Je suis toujours décidé à passer à l'étape suivante.*

« Je me donne la permission de laisser aller. »

Points de pouvoir

1. Nous sommes responsables de nos expériences.
2. Chacune de nos pensées crée notre avenir.
3. Nous sommes tous confrontés à des schémas nocifs de ressentiment, de critique, de culpabilité et de haine de nous-mêmes.
4. Ce ne sont que des pensées et les pensées peuvent être changées.
5. Nous avons besoin d'abandonner le passé et de pardonner à tout le monde, y compris nous-mêmes.
6. L'approbation de soi et l'acceptation de soi dans le présent sont les clés des changements positifs.
7. Le point de pouvoir est toujours dans le moment présent.

X

Le travail

« C'est une joie d'exprimer ma créativité et d'être apprécié. »

Liste du travail

- ❑ Je déteste mon travail.
- ❑ Mon travail est trop stressant.
- ❑ À mon travail, personne ne m'apprécie.
- ❑ J'ai toujours des boulots sans avenir.
- ❑ Mon patron abuse de moi.
- ❑ Tout le monde attend trop de moi.
- ❑ Mes collègues me rendent fou.
- ❑ Mon travail ne me permet aucune créativité.
- ❑ Je ne réussirai jamais.
- ❑ Il n'y a aucun espoir d'avancement.
- ❑ Mon travail ne paie pas.

Parmi ces phrases, combien ressemblent aux vôtres ? Explorons vos pensées dans le domaine du travail.

Notre travail et la tâche que nous effectuons sont un reflet de l'idée que nous nous faisons de notre propre valeur et de notre valeur par rapport au monde. À un certain niveau, c'est un échange de temps et de services contre de l'argent. Aussi longtemps que nous faisons un travail honnête, nous pouvons avoir de l'estime pour nous-mêmes.

Cependant, le type de travail que nous faisons est important pour nous parce que nous sommes des individus uniques.

Nous voulons avoir l'impression que nous apportons notre contribution au monde. Nous avons besoin d'employer nos talents, notre intelligence et notre créativité.

Pourtant, des problèmes peuvent survenir sur le lieu de travail. Vous pouvez ne pas vous entendre avec votre patron ou vos collègues, ou bien ne pas vous sentir apprécié ou reconnu pour le travail que vous faites. Des opportunités de promotion ou un travail particulier peuvent vous échapper.

Souvenez-vous que quelle que soit la position dans laquelle vous vous trouvez, c'est vos pensées qui vous y ont amené. Les gens autour de vous ne font que refléter ce que vous croyez mériter.

Les pensées peuvent être changées. Les situations aussi. Ce patron que nous trouvons insupportable pourrait devenir notre champion. Cette situation sans espoir d'avancement peut s'ouvrir pour se transformer en une nouvelle carrière pleine de possibilités. Le collègue si ennuyeux pourrait se révéler être quelqu'un d'assez agréable à fréquenter, si ce n'est un ami. Le salarié que nous trouvons incapable peut s'améliorer en un clin d'œil. Nous pouvons très bien trouver un nouveau travail merveilleux.

Nous avons un nombre infini de potentialités si nous changeons nos pensées. Ouvrons-nous à elles. Nous devons accepter en conscience que l'abondance et la satisfaction peuvent venir de n'importe où. Il est possible que le changement soit minime au début, que ce ne soit par exemple qu'une nouvelle tâche que vous confie le patron, mais que dans cette tâche vous fassiez la preuve de votre intelligence et de votre créativité. Vous avez la possibilité de ne plus traiter un collègue comme un ennemi et de voir ainsi se produire un changement notable de son comportement. Quel que soit le changement, acceptez-le et appréciez-le. Vous n'êtes pas seul.

Vous êtes le changement. Le pouvoir qui vous a créé vous a donné le pouvoir de créer vos propres expériences !

EXERCICE : Centrez-vous

Prenons un moment pour nous centrer. Placez votre main droite au niveau du bas de l'estomac. Pensez à cette zone comme étant le centre de votre être. Respirez. Regardez de nouveau dans votre miroir et dites : « Je suis décidé à abandonner le besoin d'avoir si peu de chance dans mon travail. » Répétez deux fois cette phrase, en la prononçant chaque fois d'une manière différente. Vous voulez accroître votre engagement sur la voie du changement.

EXERCICE : Décrivez les gens qui font partie de votre vie

Utilisez 10 adjectifs pour décrire :

	votre patron	*vos collègues*	*votre situation*
1			
2			
3			
4			
5			
6			
7			
8			
9			
10			

EXERCICE : Réfléchissez sur votre vie professionnelle

1. Si vous pouviez devenir quelque chose, que seriez-vous ?

2. Si vous pouviez avoir le travail de votre choix, que serait-ce ?

3. Qu'aimeriez-vous changer dans votre travail actuel ?

4. Comment changeriez-vous votre employeur ?

5. Travaillez-vous dans un environnement agréable ?

6. À votre travail, à qui avez-vous le plus besoin de pardonner ?

Travail avec le miroir

Asseyez-vous devant votre miroir. Respirez profondément. Centrez-vous. Maintenant, parlez à la personne contre laquelle vous êtes le plus en colère. Dites-lui pourquoi vous êtes en colère. Dites-lui qu'elle vous a blessé ou menacé, ou qu'elle a violé votre espace et vos limites. Dites-lui tout – ne vous retenez pas ! Dites-lui quel est le genre de comportement que vous attendez d'elle dans l'avenir. Dites-lui que vous lui pardonnez de ne pas être ce que vous souhaiteriez qu'elle soit.

Respirez. Demandez-lui de vous respecter et proposez-lui d'en faire autant. Affirmez que vous avez une relation professionnelle harmonieuse.

Bénir avec amour

Bénir avec amour est un outil puissant à utiliser dans n'importe quel environnement professionnel. Envoyez votre bénédiction avant d'arriver. Bénissez tout le monde, tous les lieux et toutes les choses avec amour. Si vous avez un problème avec un collègue, un patron, un fournisseur ou même avec la température, bénissez avec amour la personne ou la situation et affirmez que vous êtes en accord et en parfaite harmonie avec elle.

« Je suis en parfaite harmonie avec mon environnement professionnel et avec toutes les personnes qui en font partie. »

« Je travaille toujours dans un environnement harmonieux. »

« J'honore et respecte chaque personne, et chacune, en retour, m'honore et me respecte. »

« Je bénis cette situation avec amour et je sais qu'elle est ce qu'il y a de mieux pour toutes les personnes concernées. »

« Je vous bénis avec amour et vous libère pour votre plus grand bien. »

« Je bénis ce travail et le laisse à quelqu'un qui l'aimera ; je suis libre d'accepter une nouvelle opportunité merveilleuse. »

Sélectionnez ou adaptez l'une de ces affirmations à une situation de votre lieu de travail et répétez-la encore et encore. Chaque fois que la personne ou la situation vous vient à l'esprit, répétez l'affirmation. Chassez de votre mental l'énergie négative en rapport avec cette situation. Vous pouvez, rien que par la pensée, changer l'expérience.

EXERCICE : Votre valeur au travail

Examinons l'idée que vous vous faites de votre propre valeur dans le domaine de l'emploi. Après avoir répondu aux questions suivantes, écrivez une affirmation (au présent).

1. Est-ce que je me sens digne d'avoir un bon travail ?

Exemple :

Parfois je m'en sens digne. Mais quand ce n'est pas le cas, j'ai envie de disparaître.

Votre exemple :

Exemple d'affirmation :

Je suis parfaitement capable de m'adapter à toutes les situations.

Votre affirmation :

2. **Qu'est-ce que je redoute le plus dans ce domaine ?**

Exemple :

Que mon employeur s'aperçoive que je ne suis pas à la hauteur, qu'il me vire et que je ne trouve pas d'autre travail.

Votre exemple :

Exemple d'affirmation :

Je suis en sécurité, je me centre et j'accepte la perfection de ma vie. Tout est bien.

Votre affirmation :

3. Qu'est-ce que je « gagne » avec cette croyance ?

Exemple :

Je plais à mes collègues et je considère mon employeur comme l'un de mes parents.

Votre exemple :

Exemple d'affirmation :

C'est mon mental qui crée mes expériences. Je suis illimité dans ma capacité à créer de bonnes choses dans ma vie.

Votre affirmation :

4. Qu'est-ce que je crains de voir arriver si j'abandonne cette croyance ?

Exemple :

Je serais obligé de mûrir. Je serais obligé de prendre mes responsabilités.

Votre exemple :

Exemple d'affirmation :

Je sais que j'ai de la valeur. Il n'y a pas de danger pour moi à réussir. La vie m'aime.

Votre affirmation :

VISUALISATION

Que serait pour vous le travail parfait ? Prenez un moment pour vous voir dans ce travail. Voyez-vous dans votre environnement, voyez vos collègues; sentez ce que cela vous apporterait de faire un travail qui vous comblerait totalement, tout en vous donnant un bon salaire. Gardez cette vision pour vous-même et sachez qu'en conscience, elle est accomplie.

Passez en revue la liste des croyances ci-dessous prise de la page 117. Trouvez l'affirmation correspondant à chaque croyance. Intégrez ces affirmations à votre pratique quotidienne.

Répétez-les au travail, dans votre voiture ou quand vous vous brossez les dents le matin.

Si vous croyez :	Votre affirmation est :
Mon travail est trop stressant.	*Je suis toujours détendu au travail.*
À mon travail, personne ne m'apprécie.	*Mon travail est reconnu par tous.*
J'ai toujours des boulots sans avenir.	*Je transforme toute expérience en opportunité.*
Mon patron abuse de moi.	*Je me respecte et les autres en font autant.*
Tout le monde attend trop de moi.	*Je suis parfaitement à ma place et complètement en sécurité.*
Mes collègues me rendent fou.	*Je vois le meilleur en tous et je les aide à exprimer leurs plus joyeuses qualités.*
Mon travail ne me permet aucune créativité.	*Mes pensées sont créatrices.*
Je ne réussirai jamais.	*Tout ce que je touche est un succès.*
Il n'y a aucun espoir d'avancement.	*De nouvelles portes s'ouvrent sans cesse.*
Mon travail ne paie pas.	*Je suis ouvert et réceptif à de nouvelles possibilités de revenus.*

« Je me donne la permission d'être comblé au niveau de la créativité. »

Points de pouvoir

1. Nous sommes responsables de nos expériences.
2. Chacune de nos pensées crée notre avenir.
3. Nous sommes tous confrontés à des schémas nocifs de ressentiment, de critique, de culpabilité et de haine de nous-mêmes.
4. Ce ne sont que des pensées et les pensées peuvent être changées.
5. Nous avons besoin d'abandonner le passé et de pardonner à tout le monde, y compris nous-mêmes.
6. L'approbation de soi et l'acceptation de soi dans le présent sont les clés des changements positifs.
7. Le point de pouvoir est toujours dans le moment présent.

XI

L'ARGENT ET LA PROSPÉRITÉ

« Une infinie prospérité est mon lot ; je suis béni. »

LISTE DE L'ARGENT ET DE LA PROSPÉRITÉ

- ❑ Je n'arrive pas à épargner.
- ❑ Je ne gagne pas assez.
- ❑ Ma solvabilité est mauvaise.
- ❑ L'argent me glisse entre les doigts.
- ❑ Tout est si cher.
- ❑ Pourquoi tout le monde a-t-il de l'argent ?
- ❑ Je n'arrive pas à payer mes factures.
- ❑ La faillite est au coin de la rue.
- ❑ Je ne parviens pas à épargner pour ma retraite.
- ❑ Je n'arrive pas à dépenser mon argent.

Parmi ces phrases, combien ressemblent aux vôtres ? S'il y en a trois ou plus, travaillez sur vos problèmes d'argent.

Que croyez-vous à propos de l'argent ? Pensez-vous en avoir assez ? Attachez-vous à lui l'idée que vous vous faites de votre valeur ? Pensez-vous qu'il comblera les désirs de votre cœur ? Est-il votre ami ou votre ennemi ? Avoir davantage d'argent n'est pas suffisant. Nous avons besoin d'apprendre à mériter et à *apprécier* celui que nous avons.

De grandes quantités d'argent ne garantissent pas la prospérité. Parfois, les gens qui ont beaucoup d'argent sont noyés dans une conscience de pauvreté et ont davantage peur d'en manquer que quelqu'un vivant dans la rue. Ils n'ont pas toujours la capacité d'apprécier leur argent et de vivre dans un monde d'abondance. Socrate, le grand philosophe, a dit un jour que : « Le contentement est une richesse naturelle, le luxe une pauvreté artificielle. »

Comme nous l'avons maintes fois répété, votre conscience de prospérité ne dépend pas de l'argent que vous avez ; c'est votre flot d'argent qui dépend de votre conscience de prospérité.

Notre course à l'argent *doit* contribuer à la qualité de notre vie. Si ce n'est pas le cas, c'est-à-dire si nous haïssons ce que nous faisons pour gagner de l'argent, celui-ci ne sert à rien. La prospérité est nécessairement liée à la *qualité* de notre vie aussi bien qu'à n'importe quelle somme d'argent que nous possédons.

La prospérité ne se définit pas uniquement par l'argent ; elle englobe le temps, l'amour, le succès, la joie, le confort, la beauté et la sagesse. Par exemple, vous pouvez être pauvre en ce qui concerne le temps. Si vous vous sentez bousculé, pressé et pressuré, votre temps est entaché de pauvreté. Mais si vous avez, l'impression d'avoir tout le temps qu'il vous faut pour terminer le travail en cours et si vous êtes sûr de pouvoir finir n'importe quelle tâche, vous êtes prospère en ce qui concerne le temps.

Que dire du succès ? Avez-vous l'impression qu'il est hors d'atteinte et complètement inaccessible ? Ou bien pensez-vous qu'il est de votre plein droit de réussir ? Si c'est le cas, vous êtes riche en ce qui concerne le succès.

Sachez que quelles que soient vos croyances, elles peuvent être changées à l'instant même. Le pouvoir qui vous a créé *vous* a donné le pouvoir de créer vos propres expériences. Vous pouvez changer !

Travail avec le miroir

Levez-vous, les bras tendus, et dites : « je suis ouvert et réceptif à toutes les bonnes choses. » Quel effet cela vous fait-il ?

Maintenant, regardez dans le miroir et répétez cette phrase avec davantage de ressenti.

Quelles sortes de sentiments éveille-t-elle en vous ? Vous sentez-vous libéré et joyeux ? Ou bien avez-vous envie de disparaître ?

Respirez profondément – dites encore – « Je suis ouvert et réceptif à .... » Faites cet exercice chaque matin. C'est un merveilleux geste symbolique qui peut accroître votre conscience de prospérité et amener davantage de bonnes choses dans votre vie.

EXERCICE : Vos sentiments par rapport à l'argent

Examinons l'idée que vous vous faites de votre propre valeur dans ce domaine. Répondez de votre mieux aux questions suivantes.

1. Revenez à votre miroir. Regardez-vous dans les yeux et dites : « Ma plus grande peur à propos de l'argent est ....» Écrivez votre réponse.

2. Qu'avez-vous appris sur l'argent lorsque vous étiez enfant ?

3. Que pensaient vos parents à propos de l'argent ?

4. Dans votre famille, comment les finances étaient-elles gérées ?

5. Comment gérez-vous votre argent maintenant ?

6. Qu'aimeriez-vous changer dans votre conscience de l'argent ?

EXERCICE : Votre conscience de l'argent

Examinons l'idée que vous vous faites de votre propre valeur dans le domaine de l'argent. Répondez de votre mieux aux questions suivantes. Après chaque croyance négative, construisez une affirmation positive (au présent) pour la remplacer.

1. Est-ce que je me sens digne d'avoir de l'argent et d'en profiter ?

Exemple :

Pas vraiment. Je me débarrasse de l'argent dès que j'en ai.

Votre exemple :

Exemple d'affirmation :

Je bénis l'argent que j'ai. Il n'y a pas de danger à avoir de l'argent et je le fais travailler pour moi.

Votre affirmation :

2. Quelle est ma plus grande peur par rapport à l'argent ?

Exemple :

J'ai peur d'être ruiné.

Votre exemple :

Exemple d'affirmation :

J'accepte maintenant l'abondance illimitée d'un univers sans limites.

Votre affirmation :

3. Qu'est-ce que je « gagne » avec cette croyance ?

Exemple :

Je reste pauvre et j'ai donc besoin d'être pris en charge par les autres.

Votre exemple :

Exemple d'affirmation :

J'affirme ma propre puissance et crée avec amour ma propre réalité. Je fais confiance au processus de la vie.

Votre affirmation :

4. **Qu'est-ce que je crains de voir arriver si j'abandonne cette croyance ?**

Exemple :

Personne ne m'aimerait et ne prendrait soin de moi.

Votre exemple :

Exemple d'affirmation :

Je suis en sécurité dans l'univers ; la vie tout entière m'aime et me soutient.

Votre affirmation :

EXERCICE : Votre utilisation de l'argent

Écrivez trois façons que vous avez de critiquer votre utilisation de l'argent. Peut-être êtes-vous continuellement endetté, n'arrivez-vous pas à économiser ou ne savez-vous pas profiter de votre argent. Pensez, pour chacun de ces trois exemples, à un moment où vous n'avez pas eu le comportement indésirable.

Exemples:

Je me critique pour *: dépenser de l'argent de manière compulsive et être constamment endetté. J'ai l'impression d'être incapable de ne pas dépenser.*

Je me félicite pour *: payer aujourd'hui mon loyer à la date voulue, C'est le premier du mois et je l'ai déjà payé.*

Je me critique pour *: économiser chaque franc que je gagne. Je n'arrive pas à dépenser mon argent.*

Je me félicite pour *: acheter une chemise qui n'était pas à vendre. Je me suis autorisé aujourd'hui à avoir ce que je désirais vraiment.*

1. Je me critique pour :

Je me félicite pour :

2. Je me critique pour :

Je me félicite pour :

3. Je me critique pour :

Je me félicite pour :

Visualisation – 1

Mettez votre main sur votre cœur, faites quelques respirations profondes et détendez-vous.Voyez-vous dans votre pire scénario à propos de l'argent. Peut-être avez-vous emprunté de l'argent que vous n'arrivez pas à rembourser, acheté quelque chose que vous saviez ne pas pouvoir vous offrir ou bien avez-vous fait faillite. Voyez-vous dans ce scénario – aimez cette personne. Sachez que vous avez fait de votre mieux avec la connaissance, la compréhension et les capacités que vous aviez. Aimez cette personne. Voyez-vous dans ce scénario qui risquerait de vous embarrasser aujourd'hui et aimez cette personne.

Visualisation – 2

Quelle serait la situation si vous aviez eu toutes les choses que vous avez désirées ? À quoi ressemblerait-elle ? Où iriez-vous ? Que feriez-vous ? Ressentez cette situation. Appréciez-la. Soyez créatif et amusez-vous.

Passez en revue la liste des croyances ci-dessous reprise de la page 129.Trouvez l'affirmation correspondant à chaque croyance. Intégrez ces affirmations à votre pratique quotidienne. Répétez-les au travail, dans votre voitute, devant le miroir ou pendant que vous vous brossez les dents le matin.

Si vous croyez :	Votre affirmation est :
Je n'arrive pas à épargner.	*J'ai toujours des économies sur un compte.*
Je ne gagne pas assez.	*Mon revenu s'accroît constamment.*
Ma solvabilité est mauvaise.	*Ma solvabilité ne cesse de s'améliorer.*

Si vous croyez :	Votre affirmation est :
L'argent me glisse entre les doigts.	*Je dépense sagement.*
Tout est si cher.	*J'ai toujours exactement ce qu'il me faut.*
Pourquoi tout le monde a-t-il de l'argent ?	*J'ai autant d'argent que je peux accepter.*
Je n'arrive pas à payer mes factures.	*Je bénis toutes mes factures. Je les paie dans les temps.*
La faillite est au coin de la rue.	*Je suis solvable financièrement.*
Je ne parviens pas à épargner pour ma retraite.	*Je fais des économies pour ma retraite.*
Je n'arrive pas à dépenser mon argent.	*J'ai du plaisir à dépenser chaque euro.*

« Je me donne la permission d'être prospère. »

Points de pouvoir

1. Nous sommes responsables de nos expériences.
2. Chacune de nos pensées crée notre avenir.
3. Nous sommes tous confrontés à des schémas nocifs de ressentiment, de critique, de culpabilité et de haine de nous-mêmes.
4. Ce ne sont que des pensées et les pensées peuvent être changées.

5. Nous avons besoin d'abandonner le passé et de pardonner à tout le monde, y compris nous-mêmes.
6. L'approbation de soi et l'acceptation de soi dans le présent sont les clés des changements positifs.
7. Le point de pouvoir est toujours dans le moment présent.

XII

Les amis

« Je suis un ami pour moi-même. »

Liste de l'amitié

- ❑ Mes amis ne me soutiennent pas.
- ❑ Tout le monde est très critique.
- ❑ Personne ne voit les choses comme moi.
- ❑ Mes limites ne sont pas respectées.
- ❑ Je n'arrive pas à garder longtemps mes amis.
- ❑ Je ne parviens pas à laisser mes amis me connaître réellement.
- ❑ Je donne des conseils à mes amis pour leur bien.
- ❑ Je ne sais pas me comporter en ami.
- ❑ Je ne sais pas demander de l'aide à mes amis.
- ❑ Je suis incapable de dire non à un ami.

Parmi ces phrases, combien ressemblent aux vôtres ? Voyons si nous pouvons améliorer la qualité de vos amitiés.

Les amitiés sont souvent nos relations les plus durables et les plus importantes. Nous pouvons vivre sans amoureux et sans époux. Nous pouvons vivre sans notre famille d'origine, mais la plupart d'entre nous ne peuvent vivre heureux sans amis. Je crois que nous choisissons nos parents avant de naître sur cette planète, mais que nous choisissons nos amis à un niveau plus conscient.

Ralph Waldo Emerson, le grand philosophe et écrivain américain, a écrit un essai sur l'amitié, qu'il appelait le « nectar des dieux ». Il expliquait que dans les relations amoureuses une personne essaie toujours de changer l'autre, mais que des amis peuvent prendre du recul et considérer l'autre avec appréciation et respect.

Les amis peuvent être une extension ou un substitut de la famille nucléaire. La plupart d'entre nous ont absolument besoin de partager leurs expériences avec d'autres. Quand nous nous lions d'amitié, non seulement nous en apprenons davantage sur les autres, mais nous pouvons aussi en apprendre davantage sur nous-mêmes. Ces relations reflètent l'idée que nous nous faisons de notre propre valeur et l'estime que nous avons pour nous-mêmes. Elles nous offrent une occasion parfaite de nous étudier et de voir dans quels domaines nous avons besoin de mûrir.

Lorsque les liens entre amis deviennent tendus, nous pouvons nous tourner vers les messages négatifs venus de notre enfance. C'est peut-être le moment de faire un peu de nettoyage. Nettoyer la maison du mental après une période de messages négatifs est un peu comme passer à un bon régime après une période où l'on ne s'est nourri que de boîtes de conserve. Si vous changez d'alimentation, votre corps éliminera les résidus toxiques et vous risquez de vous sentir plus mal pendant un jour ou deux.

Il en est de même lorsque vous prenez la décision de changer vos schémas de pensée.Vos conditions de vie risquent de devenir pires pendant un temps. Mais souvenez-vous ! Il vous faut sans doute enlever beaucoup de mauvaises herbes avant d'atteindre le riche sol qu'elles recouvraient. Mais vous en êtes capable ! Je sais que vous l'êtes !

EXERCICE : Vos amitiés

Dans l'espace ci-contre, écrivez trois fois l'affirmation suivante :

« Je suis décidé à abandonner le schéma en moi qui me crée des problèmes dans mes amitiés. »

1. Comment étaient vos premières amitiés d'enfance ?

2. Vos relations amicales actuelles ressemblent-elles à celles de votre enfance ?

3. Qu'avez-vous appris de vos parents sur l'amitié ?

4. Quelle sorte d'amis avaient vos parents ?

5. Quelle sorte d'amis aimeriez-vous avoir dans l'avenir ? Soyez précis.

Examinons l'idée que nous nous faisons de notre propre valeur dans le domaine de l'amitié. Répondez à chacune des questions suivantes. Après chaque réponse, écrivez une affirmation positive (au présent) pour remplacer la vieille croyance.

1. Est-ce que je me sens digne d'avoir des amis ?

Exemple :

Non. Pourquoi quelqu'un aurait-il envie d'être en ma compagnie ?

Votre exemple :

Exemple d'affirmation :

Je m'aime et je m'accepte ; je suis un aimant pour les amis.

Votre affirmation :

2. Qu'est-ce que je redoute le plus dans le domaine de l'amitié ?

Exemple :

J'ai peur d'être trahi. Je me sens incapable de faire confiance à qui que ce soit.

Votre exemple :

Exemple d'affirmation :

Je me fais confiance, je fais confiance à la vie et je fais confiance à mes amis.

Votre affirmation :

3. Qu'est-ce que je « gagne » avec cette croyance ?

Exemple :

Je peux me montrer critique. J'attends que mes amis fassent un faux pas de façon à les confondre.

Votre exemple :

Exemple d'affirmation :

Tous mes amis réussissent. Je suis un ami affectueux et enrichissant.

Votre affirmation :

4. Qu'est-ce que je crains de voir arriver si j'abandonne cette croyance ?

Exemple :

Je perdrai le contrôle. Je serai obligé de laisser les gens me connaître véritablement.

Votre exemple :

Exemple d'affirmation :

Aimer les autres est facile quand je m'aime et je m'accepte.

Votre affirmation :

Si nous sommes tous responsables des événements de notre vie, il n'y a personne à blâmer. Tout ce qui se passe « au-dehors » n'est que le reflet de notre pensée intérieure.

EXERCICE : Pensez à vos amis

Pensez à trois événements de votre vie où vous avez eu l'impression d'avoir été trompé ou abusé par des amis. Peut-être un ami a-t-il trahi une confidence ou vous a-t-il laissé tomber dans un moment où vous aviez besoin de lui. Peut-être y a-t-il eu des interférences avec votre époux ou votre compagnon.

Dans chaque cas, nommez l'événement et écrivez les pensées que vous aviez DANS VOTRE TÊTE avant sa survenue.

Exemple :

Quand j'avais seize ans, Susie, ma meilleure amie, s'en est prise à moi et a commencé à répandre des bruits vicieux. Lorsque j'ai essayé d'en parler avec elle, elle m'a menti. Je suis restée sans amie pendant toute ma dernière année d'école.

Au fond de moi, je pensais : je ne mérite pas d'avoir des amies. J'étais attirée par mon amie Susie parce qu'elle était froide et critique. J'étais habituée à être jugée et critiquée.

1. L'événement :

Au fond de moi, je pensais :

2. L'événement :

Au fond de moi, je pensais :

3. L'événement :

Au fond de moi, je pensais :

EXERCICE : Le soutien de vos amis

Pensez à trois événements de votre vie où vous avez été soutenu par des amis. Peut-être un bon ami vous a-t-il défendu ou vous a-t-il donné de l'argent lorsque vous en aviez besoin. Peut-être vous a-t-il aidé à vous tirer d'une situation difficile.

Dans chaque cas, nommez l'événement et écrivez quelques-unes des pensées que vous aviez « dans votre tête » avant sa survenue.

Exemple :

Je me souviendrai toujours d'Hélène. À mon premier travail, les gens s'étaient moqués de moi parce que j'avais dit quelque chose de stupide à une réunion, mais Hélène m'a soutenue. Elle m'a tirée de mon embarras et a sauvé mon emploi.

Au fond de moi, je pensais : même si je fais une erreur, il y aura toujours quelqu'un pour m'aider. Je mérite d'être soutenue. Les femmes me soutiennent.

1. L'événement :

Au fond de moi, je pensais :

2. L'événement :

Au fond de moi, je pensais :

3. L'événement :

Au fond de moi, je pensais :

FÉLICITATIONS ET REMERCIEMENTS

Quels amis ai-je besoin de remercier ?

Prenez un moment pour les visualiser. Regardez la personne dans les yeux et dites : « Je te remercie et te bénis avec amour d'avoir été là pour moi quand j'avais besoin de toi. Que ta vie soit pleine de joie. »

VISUALISATION : L'ABANDON DE LA COLÈRE

Quels amis avez-vous besoin de pardonner ?

Prenez un moment pour les visualiser. Maintenant, regardez l'une de ces personnes dans les yeux et dites-lui : « Je te pardonne de ne pas avoir, agi de la façon que j'aurais souhaité. Je te pardonne et te libère. »

Passez en revue la liste des croyances ci-après reprise de la page 141. À côté se trouvent les affirmations correspondantes. Intégrez-les à votre prière quotidienne. Répétez-les dans votre voiture, au travail ou devant la glace de la salle de bains chaque matin.

Si vous croyez :	**Votre affirmation est :**
Mes amis ne me soutiennent pas.	*Mes amis sont affectueux et me soutiennent*
Tout le monde est très critique.	*Je suis en sécurité dans le monde ; la vie tout entière m'aime et me soutient.*
Personne ne voit les choses comme moi.	*Je suis ouvert et réceptif à tous les points de vue.*
Mes limites ne sont pas respectées.	*Je respecte les autres et ils me respectent.*
Je n'arrive pas à garder longtemps mes amis.	*Mon amour et mon acceptation des autres créent des amitiés durables.*
Je ne parviens pas à laisser mes amis me connaître réellement.	*Il n'y a pas de danger pour moi à être ouvert.*
Je donne des conseils à mes amis pour leur bien.	*Mes amis et moi avons la totale liberté d'être nous-mêmes.*
Je ne sais pas me comporter en ami.	*Je fais confiance à ma sagesse intérieure pour me guider.*
Je ne sais pas demander de l'aide à mes amis.	*Il n'y a pas de danger à demander ce que je veux.*
Je suis incapable de dire non à un vieil ami.	*Je dépasse mes limitations et m'exprime librement.*

« Je me donne la permission d'être un ami. »

Points de pouvoir

1. Nous sommes responsables de nos expériences.
2. Chacune de nos pensées crée notre avenir.
3. Nous sommes tous confrontés à des schémas nocifs de ressentiment, de critique, de culpabilité et de haine de nous-mêmes.
4. Ce ne sont que des pensées et les pensées peuvent être changées.
5. Nous avons besoin d'abandonner le passé et de pardonner à tout le monde, y compris nous-mêmes.
6. L'approbation de soi et l'acceptation de soi dans le présent sont les clés des changements positifs.
7. Le point de pouvoir est toujours dans le moment présent.

XIII

La sexualité

« Je suis en paix avec ma sexualité. »

Liste de la sexualité

- ❏ J'ai peur de la sexualité.
- ❏ La sexualité est sale.
- ❏ Les organes génitaux me font peur.
- ❏ Je n'ai pas ce que je veux.
- ❏ Je n'ai pas la taille ou la forme qui convient.
- ❏ J'ai honte de ma sexualité.
- ❏ Je n'arrive pas à demander ce que je veux.
- ❏ Dieu ne veut pas que j'aie une activité sexuelle.
- ❏ Mon partenaire n'aime pas mon corps.
- ❏ J'ai peur des maladies.
- ❏ Je ne suis pas assez bien.
- ❏ Les rapports sexuels sont douloureux.

Parmi ces phrases, combien ressemblent aux vôtres ? Si vous en avez coché trois ou davantage, concentrez-vous sur ce domaine.

La sexualité est un domaine délicat pour beaucoup de gens. Nombreux sont ceux qui se plaignent d'en avoir trop ou trop peu. La sexualité les menace, les motive, les rend fous ou leur permet de s'évader. Elle peut être tendre, aimante, joyeuse, pénible, explosive, merveilleuse, satisfaisante ou humiliante.

Les gens assimilent souvent la sexualité à l'amour ou bien ils ont besoin d'être amoureux pour avoir des rapports sexuels.

Beaucoup d'entre nous ont grandi en croyant que la sexualité était un péché en dehors du mariage ou qu'elle avait pour but uniquement la procréation et non pas le plaisir. Certains se sont révoltés contre ces idées et pensent que la sexualité n'a rien à faire avec l'amour.

On peut faire remonter la plupart de nos croyances concernant la sexualité à l'enfance, à notre conception de Dieu et de la religion. Pour la plupart, vous avez été élevés avec l'idée que j'appelle « le Dieu de maman », c'est-à-dire avec ce que votre mère vous a dit de Dieu quand vous étiez tout petit. Ce dieu-là est souvent représenté comme un vieil homme avec une barbe, assis sur un nuage et surveillant les organes génitaux des gens dans le but de surprendre quelqu'un en train de pécher.

Réfléchissez un instant sur l'immensité de l'univers. Quelle perfection ! Réfléchissez au niveau d'intelligence qui l'a créé. J'ai du mal à croire que cette même divine intelligence puisse ressembler à un vieil homme regardant mes organes génitaux.

Lorsque nous étions enfants, nous savions que notre corps était parfait et nous aimions notre sexualité. Les bébés n'ont jamais honte d'eux-mêmes. Aucun bébé ne mesure jamais ses hanches pour connaître sa propre valeur.

Nous devons abandonner les images et les croyances qui ne nous nourrissent et ne nous soutiennent pas. Je crois que la révolution sexuelle qui a eu lieu à la fin des années soixante a été une bonne chose à de nombreux points de vue. Nous avons été libérés des idées et de l'hypocrisie victoriennes. Évidemment, lorsque les gens sont libérés de l'oppression, ils deviennent fous pendant un temps. Mais le pendule oscillera jusqu'à revenir finalement à une position d'équilibre – ni trop fou ni trop opprimé. Je crois que la sexualité doit être un acte joyeux et aimant ; tant que notre cœur est ouvert et que nous prenons vraiment soin de nous-mêmes, nous ne nous faisons pas de mal et n'en faisons pas aux autres. Mais la sexualité peut aussi être une forme de mauvais traitement et refléter le peu de valeur que nous nous accordons. Si nous avons en permanence besoin d'un nouveau partenaire pour croire à notre valeur ou si nous choisissons comme mode de vie l'infidélité, il nous faut examiner nos pensées.

Visualisation

Avant de répondre aux questions suivantes, couchez-vous ou asseyez-vous dans une position confortable. Fermez les yeux et mettez vos deux mains sur votre cœur. Imaginez un courant de lumière blanche et brillante entrant dans votre cœur. Concentrez-vous sur la vision de cette lumière et dites : « Je suis décidé à laisser entrer l'amour. » Sentez l'énergie couler dans votre cœur. Au bout de quelques minutes, répétez cette phrase plusieurs fois, ouvrez les yeux et dites : « tout est bien. »

Répondez de votre mieux aux questions suivantes.

1. Qu'avez-vous appris sur la sexualité étant enfant ?

2. Qu'est-ce que vos parents vous ont appris sur le corps humain ? Était-il beau, ou était-ce quelque chose dont il fallait avoir honte ?

3. Que disaient vos enseignants ou votre Église à propos de la sexualité ? Était-ce un péché pour lequel on méritait une punition ?

4. Comment appelait-on vos organes génitaux. Étaient-ils seulement « quelque chose là en bas » ?

5. Pensez-vous que vos parents avaient une vie sexuelle satisfaisante ?

6. En quoi vos idées sur la sexualité ressemblent-elles à celles de vos parents ?

7. En quoi sont-elles différentes ?

8. Quand vous étiez petit, qu'est-ce que Dieu « pensait » de la sexualité ?

9. Pour vous, la sexualité est-elle la même chose que l'amour ?

10. Comment vous sentez-vous durant l'acte sexuel lui-même ? Vous sentez-vous affectueux et tendre ? Avez-vous l'impression d'être puissant ? Ressentez-vous de la culpabilité ?

11. Avez-vous déjà abusé sexuellement de vous-même ou de quelqu'un d'autre ?

12. Avez-vous déjà été abusé sexuellement ?

13. Si vous pouviez changer quelque chose dans votre sexualité, que serait-ce ?

Travail avec le miroir

Maintenant prenez votre miroir, regardez-vous dans les yeux et dites : « Je suis décidé à aimer mon corps et ma sexualité. » Répétez cette phrase trois fois, à chaque fois, pesez davantage le sens de vos paroles et mettez-y plus de sentiment. Puis répondez aux questions.

1. Quelles sont vos pensées les plus négatives à propos de votre corps ?

2. D'où venaient ces pensées ?

3. **Êtes-vous décidé à les abandonner ?**

❑ oui ❑ non

Maintenant, examinons l'idée que vous vous faites de votre propre valeur. Répondez aux questions suivantes et, après chacune d'entre elles, créez une affirmation correspondante.

1. **Est-ce que je mérite de prendre plaisir à ma sexualité ?**

Exemple :

Non. Je déteste la forme de mon corps. Je préfère faire vite et me débarrasser de l'acte sexuel. Je me trouve laid.

Votre exemple :

Exemple d'affirmation :

J'aime et j'apprécie mon merveilleux corps. Il a la taille et la forme idéales pour moi. Je prends plaisir à ma sexualité.

Votre affirmation :

2. **Qu'est-ce que je redoute le plus en ce qui concerne ma sexualité ?**

Exemple :

J'ai peur qu'on se moque de moi. J'ai peur de mal faire ou de ne pas savoir que faire. J'ai peur de me sentir sale.

Votre exemple :

Exemple d'affirmation :

Ma sexualité est un merveilleux cadeau. J'aime être créatif. Je suis en sécurité.

Votre affirmation :

3. Qu'est-ce que je « gagne » avec cette croyance ?

Exemple :

Je gagne de la protection. Je me sens en sécurité. Je ne veux pas que quelqu'un approche ses organes génitaux trop près de moi. Ils me font peur.

Votre exemple :

Exemple d'affirmation :

Il n'y a pas de danger à être moi-même. J'aime tout mon corps. Je fais confiance au processus de la vie pour me garder en sécurité.

Votre affirmation :

4. **Qu'est-ce que je crains de voir arriver si j'abandonne cette croyance ?**

Exemple :

J'ai peur de perdre le contrôle. J'ai peur de me perdre. Il n'y aurait plus de « moi ».

Votre exemple :

Exemple d'affirmation :

Je suis en sécurité en étant moi-même dans toutes les situations. Je prends plaisir à mon individualité.

Votre affirmation :

Passez en revue la liste des croyances ci-après reprise de la page 155, puis étudiez les affirmations correspondant à chaque croyance. Intégrez ces affirmations à votre pratique quotidienne. Répétez-les souvent dans votre voiture, au travail et à chaque moment où vous sentez vos croyances négatives refaire surface.

Si vous croyez :	Votre affirmation est :
J'ai peur de la sexualité.	*Il n'y a pas de danger pour moi à explorer ma sexualité.*
La sexualité est sale.	*La sexualité est tendre, aimante et joyeuse.*
Les organes génitaux me font peur.	*Les organes génitaux sont normaux, naturels et beaux.*
Je n'ai pas ce que je veux.	*Je suis toujours comblé et satisfait sexuellement.*
Je n'ai pas la taille ou la forme qui convient.	*Mes organes génitaux sont parfaits pour moi.*
J'ai honte de ma sexualité.	*Je dépasse mes croyances limitées et je m'accepte totalement.*
Je n'arrive pas à demander ce que je veux.	*J'exprime mes désirs avec joie et liberté.*
Dieu ne veut pas que j'aie une activité sexuelle.	*Dieu a créé ma sexualité et l'approuve.*
Mon partenaire n'aime pas mon corps.	*Mon partenaire reflète l'amour que j'ai pour mon corps.*
J'ai peur des maladies.	*Je suis divinement protégé et guidé.*

Si vous croyez :	Votre affirmation est :
Je ne suis pas assez bien.	*Je m'aime et j'aime ma sexualité. Je suis en paix.*
Les rapports sexuels sont douloureux.	*Je suis doux avec mon corps et mon partenaire l'est aussi.*

« Je me donne la permission de prendre du plaisir avec mon corps. »

Points de pouvoir

1. Nous sommes responsables de nos expériences.
2. Chacune de nos pensées crée notre avenir.
3. Nous sommes tous confrontés à des schémas nocifs de ressentiment, de critique, de culpabilité et de haine de nous-mêmes.
4. Ce ne sont que des pensées et les pensées peuvent être changées.
5. Nous avons besoin d'abandonner le passé et de pardonner à tout le monde, y compris nous-mêmes.
6. L'approbation de soi et l'acceptation de soi dans le présent sont les clés des changements positifs.
7. Le point de pouvoir est toujours dans le moment présent.

XIV

L'AMOUR ET L'INTIMITÉ

« L'amour m'entoure. J'aime, je suis digne d'être aimé et je suis aimé. »

LISTE DE L'AMOUR ET DE L'INTIMITÉ

- ❑ J'ai peur d'être rejeté.
- ❑ L'amour ne dure jamais.
- ❑ Je me sens pris au piège.
- ❑ L'amour me fait très peur.
- ❑ Je dois tout faire comme il le veut.
- ❑ Si je prends soin de moi, il me quittera.
- ❑ Je suis jaloux.
- ❑ Je n'arrive pas à être moi-même.
- ❑ Je ne suis pas assez bien.
- ❑ Je ne veux pas d'un mariage comme celui de mes parents.
- ❑ J e ne sais pas aimer.
- ❑ Je suis incapable de dire non à quelqu'un que j'aime.
- ❑ Tout le monde me quitte.

Parmi ces phrases, combien ressemblent aux vôtres ? Vous avez peut-être besoin d'éliminer vos peurs de l'amour et de l'intimité.

Enfant, comment avez-vous vécu l'amour ? Dans votre famille, s'exprimait-il par les disputes, les hurlements, les pleurs, les claquements de portes, la manipulation, le contrôle, le silence ou la revanche ? Si c'est le cas, vous rechercherez des expériences similaires une fois adulte et vous trouverez les personnes qui vont renforcer ces idées. Si, enfant, vous avez cherché l'amour et trouvé la souffrance, une fois adulte vous trouverez la souffrance à la place de l'amour jusqu'à ce que vous abandonniez vos vieux schémas familiaux.

1. Comment s'est terminée votre dernière relation ?

2. Comment s'était terminée celle d'avant ?

Toutes vos relations se sont peut-être terminées par le départ de votre partenaire. Ce besoin en vous d'être abandonné peut venir d'un divorce dans la famille, d'un parent qui s'est éloigné de vous parce que vous ne correspondiez pas à ses attentes, ou bien d'une mort dans la famille.

Pour changer votre schéma, vous devez pardonner à votre parent ET comprendre que vous n'avez pas besoin de répéter cet ancien comportement. Vous l'abandonnez et vous vous libérez.

Pour chaque habitude ou schéma que nous ne cessons de répéter, il y a le BESOIN EN NOUS d'une telle répétition. Ce besoin correspond à une croyance que nous avons.

S'il n'était pas là, nous n'aurions pas besoin d'avoir cela, de faire cela ou d'être cela. L'autocritique ne brise pas le schéma, mais abandonner le besoin le brise.

Travail avec le miroir

Avec votre miroir, regardez-vous dans les yeux, respirez et dites : « Je suis décidé à abandonner le besoin de relations qui ne me nourrissent et ne me soutiennent pas. »

Dites cette phrase cinq fois devant le miroir; à chaque fois, réfléchissez davantage au sens de vos paroles. En la disant, pensez à l'une de vos relations.

Exercice : Vos relations

Dans l'espace ci-dessous, répondez de votre mieux aux questions suivantes.

1. Enfant, qu'avez-vous appris sur l'amour ?

2. Avez-vous déjà eu un patron qui ressemblait « exactement » à l'un de vos parents ? En quoi ?

3. Votre partenaire ou époux ressemble-t-il à l'un de vos parents ? En quoi ?

4. Comment étaient-ils ?

5. Qu'avez-vous à pardonner afin de changer ce schéma ?

6. Avec votre nouvelle compréhension des choses, quel genre de relation souhaiteriez-vous avoir ?

Vos vieilles pensées et croyances conditionnent vos expériences tant que vous ne les avez pas abandonnées. Vos pensées futures ne sont pas encore formées et vous ne savez pas ce qu'elles seront. Votre pensée actuelle, celle que vous avez à l'instant même, est totalement sous votre contrôle.

Nous sommes les seuls à choisir nos pensées. En général, nous ressassons toujours la même pensée, de sorte que nous n'avons pas l'impression de la choisir. Pourtant, au départ, c'est bien ce que nous avons fait. Nous pouvons refuser d'avoir certaines pensées. Combien de fois avez-vous refusé d'avoir une pensée positive à propos de vous-même? Vous pouvez aussi refuser d'avoir une pensée négative. Cela demande simplement un peu d'entraînement.

EXERCICE : Amour et intimité

Examinons ces croyances. Répondez à chacune des questions ci-dessous. Après chaque réponse, écrivez une affirmation positive (au présent) pour remplacer la vieille croyance.

1. **Est-ce que je me sens digne d'avoir une relation intime ?**

Exemple :

Non. L'autre partirait en courant s'il me connaissait.

Votre exemple :

Exemple d'affirmation :

Je suis digne d'être aimé et digne d'être connu.

Votre affirmation :

2. **Ai-je peur d'aimer ?**

Exemple :

Oui – j'ai peur que mon partenaire ne soit pas fidèle.

Votre exemple :

Exemple d'affirmation :

Je suis toujours en sécurité dans l'amour.

Votre affirmation :

3. **Qu'est-ce que je « gagne » avec cette croyance ?**

Exemple :

Je ne laisse pas entrer d'histoire d'amour dans ma vie.

Votre exemple :

Exemple d'affirmation :

Il n'y a pas de danger pour moi à ouvrir mon cœur pour laisser entrer l'amour.

Votre affirmation :

4. **Qu'est-ce que je crains de voir arriver si j'abandonne cette croyance ?**

Exemple :

On profiterait de moi et je souffrirais.

Votre exemple :

Exemple d'affirmation :

Il n'y a pas de danger pour moi à dévoiler à autrui mon moi le plus profond.

Votre affirmation :

EXERCICE : Votre moi critique

La critique brise l'esprit intérieur et ne change jamais rien à rien. Les compliments construisent cet esprit et peuvent apporter des changements positifs. Écrivez deux façons que vous avez de vous critiquer dans le domaine de l'amour et de l'intimité. Peut-être n'êtes-vous pas capable de dire aux autres comment vous vous sentez ou ce dont vous avez besoin. Peut-être avez-vous peur des relations ou attirez-vous des partenaires qui vous font souffrir.

Puis pensez à un moment où vous n'avez pas eu ce comportement.

Exemples :

Je me critique pour : *choisir des gens qui ne sont pas capables de me donner ce dont j'ai besoin.*

Je me félicite pour : *dire à quelqu'un que je l'aime. j 'avais peur de le faire, mais je l'ai fait quand même.*

1. Je me critique pour :

Je me félicite pour :

2. Je me critique pour :

Je me félicite pour :

Félicitations ! Vous venez juste de briser une autre vieille habitude ! Vous apprenez à vous faire des compliments – en ce moment même. Et le point de pouvoir est toujours dans le moment présent.

Passez en revue la liste des croyances ci-après reprise de la page 167, puis étudiez les affirmations correspondant à chaque croyance. Intégrez ces affirmations à votre pratique quotidienne. Répétez-les souvent dans votre voiture, au travail et à chaque moment où vous sentez vos croyances négatives refaire surface.

Si vous croyez :	Votre affirmation est :
J'ai peur d'être rejeté.	*Je m'aime, je m'accepte et je suis en sécurité.*
L'amour ne dure jamais.	*L'amour est éternel.*
Je me sens pris au piège.	*Grâce à l'amour, je me sens libre.*
L'amour me fait très peur.	*Il n'y a pas de danger pour moi à être amoureux.*
Je dois tout faire comme il le veut.	*Nous sommes toujours des partenaires égaux.*
Si je prends soin de moi, il me quittera.	*Nous prenons tous deux soin de nous-mêmes.*
Je n'arrive pas à être moi-même.	*Les gens m'aiment quand je suis moi-même.*
Je ne suis pas assez bien.	*Je suis digne d'être aimé.*
Je ne veux pas d'un mariage comme celui de mes parents.	*Je dépasse les limitations de mes parents.*
Je ne sais pas aimer.	*M'aimer et aimer les autres devient chaque jour plus facile.*
Je vais souffrir.	*Plus j'aime, plus je suis en sécurité.*
Je suis incapable de dire non à quelqu'un que j'aime.	*Mon partenaire et moi, nous respectons mutuellement nos décisions.*

Si vous croyez :	Votre affirmation est :
Tout le monde me quitte.	*Je crée maintenant une relation durable et aimante.*

« Je me donne la permission de connaître l'amour intime. »

POINTS DE POUVOIR

1. Nous sommes responsables de nos expériences.
2. Chacune de nos pensées crée notre avenir.
3. Nous sommes tous confrontés à des schémas nocifs de ressentiment, de critique, de culpabilité et de haine de nous-mêmes.
4. Ce ne sont que des pensées et les pensées peuvent être changées.
5. Nous avons besoin d'abandonner le passé et de pardonner à tout le monde, y compris nous-mêmes.
6. L'approbation de soi et l'acceptation de soi dans le présent sont les clés des changements positifs.
7. Le point de pouvoir est toujours dans le moment présent.

Achevé d'imprimer en octobre 2013
sur les presses de la Nouvelle Imprimerie Laballery
58500 Clamecy
Dépôt légal : octobre 2013
Numéro d'impression : 310293

Imprimé en France

La Nouvelle Imprimerie Laballery est titulaire de la marque Imprim'Vert®